ମୋ ମୃତ୍ୟୁ ପୂର୍ବରୁ କେତୋଟି ମୁହୂର୍ତ୍ତ
ଓ ଅନ୍ୟାନ୍ୟ କବିତା

ମୋ ମୃତ୍ୟୁ ପୂର୍ବରୁ କେତୋଟି ମୁହୂର୍ତ୍ତ

ଓ ଅନ୍ୟାନ୍ୟ କବିତା

କମଳାକାଂତ ଲେଂକା

BLACK EAGLE BOOKS
2021

BLACK EAGLE BOOKS

USA address:
7464 Wisdom Lane
Dublin, OH 43016

India address:
E/312, Trident Galaxy, Kalinga Nagar,
Bhubaneswar-751003, Odisha, India

E-mail: info@blackeaglebooks.org
Website: www.blackeaglebooks.org

First International Edition Published by
BLACK EAGLE BOOKS, 2021

MO MRUTYU PURBARU KETOTI MUHURTA O ANYANYA KABITA
by **Kamalakanta Lenka**

Copyright © **Kamalakanta Lenka's family member**

All rights reserved. No part of this publication may be reproduced, stored in a retrieval system, or transmitted, in any form or by any means, electronic, mechanical, photocopying, recording or otherwise without the prior permission of the publisher.

Cover & Interior Design: Ezy's Publication

ISBN- 978-1-64560-141-8 (Paperback)

Printed in United States of America

ଶ୍ରୀ ଶ୍ରୀ ଶ୍ରୀ ଜଗନ୍ନାଥ ମହାପ୍ରଭୁଙ୍କ
ଚରଣତଳେ

ସୂଚୀପତ୍ର

ଦୁଇଟି ପାଖୁଡ଼ା, ଗୋଟିଏ ଫୁଲ	୯
ଭଂଗାଘର	୧୦
କବିଗୁରୁ ରବୀନ୍ଦ୍ରନାଥ	୧୧
ଦୁଃଖପ୍ରତି	୧୨
ତୁମେଯଦି ଦେଖାହୁଅ	୧୩
ଅଂଧକାର ତା'ଠାରୁ ଭଲ	୧୫
ମାଛ	୧୭
ବିରହ	୧୯
ନୂଆଗୀତ	୨୦
କେଶ	୨୧
ଏଠି ସବୁ ଧାନବିଲ	୨୪
ଶାମୁକା	୨୮
ମୋ ସ୍ତ୍ରୀ ପାଇଁ ଗୋଟିଏ କବିତା	୨୯
ସ୍ତନ	୩୨
ସମ୍ରାଟ	୩୬
ଉପସଂହାର	୩୯
ରୂପାଂତର	୪୦
ଅଧିକାର	୪୩
ବିମୂର୍ତ୍ତ ଶୋକ	୪୫
ଈଶ୍ୱରଙ୍କ ଫାଶି ପାଇବା ଦିନ	୪୭
ବୟସ୍କ	୪୯
ଇଛାମତ	୫୦
ଶାଳଗ୍ରାମ	୫୧
ରବିବାର	୫୩
ଆତ୍ମସ୍ଥ ମୁହୂର୍ତ୍ତର ସ୍କେଚ୍	୫୫

ଜଣାଣ	୫୭
ଅଥଚ	୫୯
ଭୁଲ	୬୧
ସ୍ୱକୀୟ	୬୩
ନିରୁଦ୍ଦିଷ୍ଟ ବ୍ୟକ୍ତି ସମ୍ପର୍କରେ	୬୪
ମୋ ମା' ପ୍ରତି	୬୯
ସନ୍ୟାସ	୭୪
ସକାଳ, ସଂଜ ଓ ଦ୍ୱିପ୍ରହର	୭୭
ଗାର୍ହସ୍ତ୍ୟ	୮୩
ମୋ ମୃତ୍ୟୁ ପୂର୍ବରୁ କେତୋଟି ମୁହୂର୍ତ୍ତ	୮୭
ନିଜସ୍ୱ-ପ୍ରାର୍ଥନା	୯୨
ଏଥାନ ନିଳଠା ସହି	୯୫

ଦୁଇଟି ପାଖୁଡ଼ା, ଗୋଟିଏ ଫୁଲ

କଳ୍ପନା- ଭଗ୍ନ ଆଶାର ଆକାଶେ ଫୁଟାଏ ଅଗଣିତ ତାରାଫୁଲ
ରୁଗ୍‌ଣ ମନର ବୀଣାର ତାରରେ ଭରିଦିଏ କୋଟି ସୁର।
ରୁକ୍ଷ ଜୀବନ ମରୁବାଲି ତଳେ ଫିଟାଏ ଝରଣା ଝର
କଳ୍ପନା ମୁଁ ଗୋ ଅନୁରାଗମୟୀ ହେଉଥାଏ ଢଳ ଢଳ।

ବାସ୍ତବ- ନିଷ୍ଠୁର ମୁହିଁ ଉଦାସୀ ନାଉରୀ ଉଷତେ ଗାଏ ମୋ ଗୀତ
ବ୍ୟର୍ଥ ଆଶାର କରୁଣ କାତର ଗୀତେ ହୁଏ ନାହିଁ ଭୀତ।
ନିଷ୍ଫଳ କାର କ୍ଷଣିକ ସ୍ୱପନେ, ବନଗିରି ଥାଏ ଘେରି
ଏ ଧୂଳି ଧରାର ଅଶ୍ରୁ ସଜଳ ନୟନେ ମମତା ଭରି।

ଜୀବନ- କଣ୍ଟକମୟ ଲତିକାରେ ମୁହିଁ ଫୁଟି ହୁଏ ଢଳ ଢଳ
ରଙ୍ଗରାଗର ପ୍ରବାହ ଖେଳାଇ ଦୋଳୁଥାଏ ଅବିରଳ।
ବାସ୍ତବ କଳା କଜ୍ଜଳ ମେଘ ଆଷାଢ଼ର ଘନଘଟା
କଳ୍ପନା ଖିଏ ଦିଏ ମୋ ତନୁରେ ଇନ୍ଦ୍ରଧନୁର ଛଟା।

■

ଭଂଗାଘର

ସପନର ପକ୍ଷୀ ଆସି ମନ ବୃକ୍ଷେ ଥିଲା ବସି
କାଇଁ କେବେ ଉଡ଼ିଗଲା ଫୁରୁକରି ଗୁପତେ,
ତା' ମନର କଥା କାଇଁ କେବେ ମୋତେ କହି ନାଇଁ
ମୋ ମନର କଥା ଅବା ନ ଆସିଲା ତା' ମନକୁ ପରତେ ।

ଦୂରେ ଗଲା ଉଡ଼ି ଉଡ଼ି କଳ୍ପନାର ପରଝାଡ଼ି
କେଉଁ ନୀଳ ଦରିଆରେ ଛାଇ ତାର ଖେଳାଇ,
ପଦ୍ମଫୁଲୁ ମଧୁ ପିଇ, କେଉଁ ଯୁଗେ ପକ୍ଷୀ କାଇଁ
ମଧୁ ପିଏ ? - ଏ ସବୁ ତ ମନ ଗଢ଼ା ଗଳପ-
ସ୍ୱପନର ପକ୍ଷୀ ଆସି ହେଲା ପୁଣି ପରବାସୀ
ହତାଶାର ଆକାଶରେ ଆହ୍ଲାଇ ଡେଣା ତାର ଅଳପ ।

ଆକାଶଟା ବାହୁନଇ ନୀଡ଼ କାନ୍ଦେ କଇଁ କଇଁ
ଏ ବୃକ୍ଷର ଶାଖା ପରେ ଆଉ ଏକ ପକ୍ଷୀ ଆସି ବସିଚି,

ଆଖିରେ ଆଖିଏ ହସ କୁଲୁ କୁଲୁ ଗୀତ ଗାଇ
ଡେଣା ଝାଡ଼ି ଅଣ୍ଡା ତାର ସଯତନେ ଘଷୁଚି ।

■

କବିଗୁରୁ ରବୀନ୍ଦ୍ରନାଥ

ମୋ ନରମ ମନର ସବୁଜ ଫସଲର ଢେଉ
ଜୀବନର ବିସ୍ତୀର୍ଣ୍ଣ ଶସ୍ୟ କ୍ଷେତ୍ରରେ
ତୋଳେ ଏକ ଅଫୁରନ୍ତ ଆବେଗର ରାଗିଣୀ ।
ଅନେକ ଅଶାନ୍ତି । ଝଡ଼ର ଘୂର୍ଣ୍ଣିରେ
ମୋ ସମସ୍ତ ପୁରୁଷତାର ବୈଚିତ୍ର୍ୟକୁ ଭ୍ରୂକ୍ଷେପ ନକରି
ମୁଁ ସେଇ ରାଗିଣୀର ମଧୁ ନିକ୍ୱଣରେ
ଶୁଣେ କେବଳ ତୁମରି
କରୁଣ ମଧୁର ସଂଗୀତ !

ଆଉ,
ସେଇ ସଙ୍ଗୀତର ମୂର୍ଚ୍ଛନାରେ
ଅନୁଭବେ ପ୍ରାଣର ପୁଷ୍ପ ଦଳରେ ଏକ ଅପୂର୍ବ ଉନ୍ମେଷ ।
ଏ ଉନ୍ମେଷର ନବ ଦୁର୍ବାଦଳର ସ୍ପର୍ଶରେ
'ଜୀବନ ଦେବତା'ର ସ୍ୱପ୍ନ ମୋତେ କରେ ପାଗଳ, ବିସ୍ମିତ ।

କିନ୍ତୁ-
ମୋ ସଜଳ ଚକ୍ଷୁରେ ଏକ ନିର୍ବୋଧ ଶିଶୁପରି
ଲାଖି ରହେ ତୀବ୍ର ଅତୃପ୍ତିର ମୋହାଚ୍ଛନ୍ନତା ! !
ତେଣୁ ହେ ଗୁରୁଦେବ, ପ୍ରଣାମ-ସହସ୍ରବାର ପ୍ରଣାମ ।

ଦୁଃଖପ୍ରତି

ପ୍ରାଣର ପ୍ରଣତି ଦେଇ
ତୁମ ଆଗମନୀ ଲାଗି
ଯେ ଧୂପ ଦୀପର ନିରାଜନା କରେ
ତାକୁ ତୁମେ ଆମୋଦରେ ଝଡ଼ରେ ଭସାଇ ଦିଅ !
ତୁମ କରୁଣାର ଅପାଙ୍ଗରେ
ଝରା ଶ୍ରାବଣର ଅନୁରାଗିଣୀରେ
ସେ ବିଚ୍ଛନ୍ଦ ହେବାର ସୌଭାଗ୍ୟ ଖୋଜେ
ଅପୂର୍ଣ୍ଣ ତାର ପରିଧିରେ ଘୂରାଇ ଘୂରାଇ
ତା' ଜୀବନର ରଙ୍ଗକୁ ଲୁଟି ନିଅ ।
ତୁମେ ନିର୍ଦ୍ଦୟ !
ଯେ ତୁମକୁ ଘୃଣା କରେ
ତୁମ ରୁଦ୍ର ମୂର୍ତ୍ତିର ଭୟାବହତାରେ
ନିରତ ସଶଙ୍କିତ ହୁଏ,
ଦୁର୍ଗମ ପଥ ଓ ଦୁର୍ଭେଦ୍ୟ ଅରଣ୍ୟର
ଅନୁପମ ସୁଷମାର ତରଙ୍ଗକୁ ଏଡ଼ାଇ ଏଡ଼ାଇ
ଯେ ହାସ୍ୟ ଉଜ୍ଜ୍ୱଳ ଦୀପ୍ତିରେ
ଉଦ୍ଧତ ଯୌବନ ପରି କରେ ପଦ ସଂଚାଳନ
ତୁମେ ହେ ମହାନ୍ ରୁଦ୍ର, ହେ ଆନନ୍ଦ ରୁପମ୍
ତାକୁଇଁ ତୁମେ ଶୁଣାଅ ତୁମ ମାଙ୍ଗଳିକ ।
ତୁମେ ଉଦାର !!
ହେ ରତ, ହେ ଜ୍ୟୋତିର୍ମୟ-
ସକଳ ଝଡ଼ ଝଂଜାର ଉତ୍ତାଳ ପ୍ରବାହରେ
ଅଜସ୍ର ବୃଷ୍ଟିର ଛନ୍ଦାନୁବୃତ୍ତରେ
ସମଗ୍ର ବ୍ୟର୍ଥତାର ପୁଲକରେ
ତୁମେ ଥରେ ମାତ୍ର ମୂର୍ଚ୍ଛନା ତୋଳ,
ହେ ରୁଦ୍ର, ସେ ସ୍ୱରର ଛନ୍ଦେ ଛନ୍ଦେ
ମୋ ପ୍ରାଣର ପରିପୂର୍ଣ୍ଣତା ଅନୁପ୍ରବିଷ୍ଟ ହେଉ । ■

ତୁମେ ଯଦି ଦେଖାହୁଅ

ଅନେକ ଦିନ ପରେ ଯଦି କେବେ
ଦଇବାତ୍ ତମ ସାଥେ ଦେଖା ହୋଇଯାଏ
କେଉଁ ଏକ ଧାନ କ୍ଷେତେ,
ଅବା କେଉଁ ଗାଁ କନ୍ଦି ମେଳା ମଉଛବେ-
ତମେ ବୋଧେ ପାଖ ଦେଇ ଯିବ କେତେ
ହିଡ଼ ଡେଇଁ ଡେଇଁ
ଯେମିତି ଚିହ୍ନିନ ମୋତେ
ମୁଁ ବି ତ ଜାଣେ ନାହିଁ ତମକୁ ଟିକିଏ।
ତମେ ଯିବ ଏଇ ବାଟେ
ଗଲାଦିନ ସ୍ୱପନର ବୀଜ ବୁଣି ବୁଣି
ତମେ ଯିବ ଏ ମେଳାରେ ବିଞ୍ଚି ବିଞ୍ଚି
ଅତୀତର ଅନେକ ଖିଆଲ,
ଅଜାଣତେ କେତେବେଳେ
ସେ ଦିନର ଅଳସ ସଞ୍ଜରେ
ଲାଜରା ଓଠର ମଧୁ ଥୋପି ଥୋପି ବୋହିଯିବ
ମୋ ମନର ନିରସ ଭୂଇଁରେ।
ବେଖିଆଲ ମନ ନେଇ ବହୁମନ
ଏକ ମନେ କରି ପୁଣି ଖୁବ୍ ଏକାକାର
ଘରର ଘରଣୀ ସାଜି ଶଂଖା ଚୁଡ଼ି,
ବ୍ଲାଉଜ ଓ ଶାଢ଼ୀ ବା ସିଂଦୂରେ
ମନର ବ୍ୟର୍ଥତା ମାଜି ନୂଆ ନୂଆ
ହସ ଆଉ ହାତର କାଚରେ
ଏ ମେଳାରେ ବୁଝୁଥିବ ଭଳି ଭଳି
କଣ୍ଢେଇର ଭଳି ଭଳି ମୂଲ!

ଏ ମେଳାରେ ତମସାଥେ ଦେଖା ହେବେ
ବହୁ ସାଂଗ ସାଥୀ
ତମେ ଓ ସେମାନେ କେତେ ଦୁଃଖ ସୁଖ ହେବ
ମୁଁ ତ ମିଛ କହୁନାଇଁ- ?
କିଏ ପଚାରିବ, "ତମେ ବାହା ହୋଇ
ମା' ହେଲା ପିଲା ଛୁଆଙ୍କର
ତଥାପି ଚିଟାଉ ଖଣ୍ଡେ ନ ଦେଲ ଯା-
ଆଖି ତମ ବଡ଼ ହେଇଗଲା।"
ତମେ ବି ଉତ୍ତର ଦେବ ଛଳ ଛଳ
ଚାହାଣିରେ ପୋଷେ ପୋଷେ ଲୁହ ଖାଲି ଭରି
"ତମେ ଗୋ ବଉଳ କ'ଣ ଆମ କଥା
ଏକବାର ମନୁ ପୋଛିଦେଲ ?"
ଏତେବେଳେ ଏ ମେଳାରେ
ଡହ ଡହ ତାତି ଆଉ ମଣିଷର ଭିଡ଼େ
ମୁଁ କିଂତୁ ଠିଆ ହୋଇ ଭାବୁଥିବି
ଏ ଜୀବନ କେଡ଼ିକି ବିଚିତ୍ର !

■

ଅଂଧକାର ତା'ଠାରୁ ଭଲ

(ଏକ)

ଏ ରାତି ନିବିଡ଼ ହେଉ, ଘୋଟି ଯାଉ ଗାଢ଼ ଅଂଧକାର
ମୁଖେ ବୋଳି ଦିବସର ଦୋଷ, ତ୍ରୁଟି-
ଚେତନାର ଜଳଂତା ଅଂଗାର।
ଆସ୍ତେ ଆସ୍ତେ ଫୁଲିଉଠୁ ଏ ରାତିର କଷଟିଆ ଆଖି
ପିଇ ପିଇ ସାରାଦିନ ଯାବତୀୟ ଲାଂଛନାର ସୁରା,
ଏ ରାତି ଗହମ ନିଦେ ଶୋଇପଡୁ ଜାକି ଜୁକି ନିଜର ପ୍ରତୀତି
ନିସ୍ପଂଦ ଛାତିର ପରେ ବ୍ୟର୍ଥତାର ଲୋମମୂଳେ
ଥିରି ଥିରି ହାତ ଦେଇ ଖେଳୁଥାଉ ଦିବସର ନିରିବୋଧ ଶିଶୁ!
ଏ ରାତି ଗଭୀର ହେଉ, ଧୀରେ ଧୀରେ ବେଢ଼ି ଦେଉ
ଶ୍ରୁଷ୍ଟିର ପଣତ ତାର ଆମ ଭଳି ନିକ୍ଷେପିତ ଦେହରେ ମନରେ
ଅଯଥା କ୍ଳାଂତିର ସ୍ୱେଦ ଶୋଷିନେଇ ବିଂଚି ବିଂଚି ନିଜର ବିଂଚଣା
ପୃଥିବୀର କାନେ କହୁ ଚୁପ୍ ତା' ମନର କଥା
ଢୋକି ଢୋକି ଦିବସର ପାଟିତୁଂଢ଼ ଘର୍ଘର ଶବଦ,
ଅନେକ ଆତ୍ମାର କେତେ ବୁଭୁକ୍ଷୁ ଚିତ୍କାର ମନର ମର୍ମରେ।
ଏ ରାତି ନିସ୍ତବ୍ଧ ହେଉ, ଗ୍ଳାନି ସବୁ ଭୁଲି ଯାଉ-
ଆଖି ଆଉ ଅଂଧ ହେଉ, ବାହାରକୁ
କେହି ହେଲେ ନ ପାରନ୍ତୁ ଚିହ୍ନି,
ଦିନର ଗୋପନ ସତ୍ୟ, କାମନାର ନୀରବ ଗୁଂଜନ-
ପଶୁତ୍ୱର ବିଫଳ କ୍ରଂଦନ
ଏ ରାତିର ଅଂଧକାରେ ହଜାଉ ତା' ବ୍ୟର୍ଥ ଆଶାବରୀ
ଏ ରାତିର ଜହ୍ନ ବୁଡୁ, ତରା ସବୁ ନିଭିଯାଉ
ଅଂଧାରର ଛୁଂଚକନା ବଉଦର ଗୋମୟ ପରଶେ,
ବିଜୁଳି ଆଲୁଅ ନିଭୁ ଯେତେ ପ୍ରଦୀପର ଶିଖା
ଏ ରାତିର ନିଃଶ୍ୱାସ ଫୁତ୍କାରେ
ଚଉଦିଗେ ମଥା ଟୋଳୁ ଘନ ଅଂଧକାର
ଦେବାପାଇଁ ଦିବସକୁ ଯଥାର୍ଥ ଉତ୍ତର।

(ଦୁଇ)

ଏ ରାତି ପାରିଚି ବୁଝି ଦିବସର ସକଳ ବ୍ୟସ୍ତତା
କୋଳାହଳ ଭଉଁରୀରେ ମଣିଷତା ବୁଡ଼ିମରେ ଆହା !
ହସର ଛଳନା ତୀରେ ନୀରପେକ୍ଷ-ଶୁଖିଲା-ଡାଳରେ
ମଣିଷ ଶିକାର କରେ ମଣିଷ ଶାବକ,
ପକ୍ଷୀର ଆହାର ବୁଣି-ଶସ୍ୟ ବିଶ୍ୱାସର
ଯେପରି ଲୁବ୍‌ଧକ କରେ ଶିକାର ସଂଧାନ।
ଏ ରାତି ପାରିଚି ଦେଖି ଲୁଚି ଲୁଚି ନିଭୃତ ଅଂଗନେ
ଅବା ଏଇ ଦିବସର ପ୍ରତିଟି ସଭାରେ
ଦୁର୍ବଳର ଅଭିଯୋଗ, ଅର୍ଥନ୍ୱେଷୀ ପିତାର ଲାଂଛନା
ଷୋଡ଼ଶୀ କନ୍ୟାକୁ ବିକି, ତାର ରୂପ ନବନୀତ
ନ ଦେଲା କାହିଁକି କାଲି ମୁଦ୍ରା ଦୁଇ ଚାରି !
ଏ ରାତି ଶୁଣିଚି ସବୁ ସ୍ୱାର୍ଥନ୍ୱେଷୀ ମଣିଷର ଦ୍ୱାହି
ଜାରଜ ଶିଶୁର କେତେ ଅସ୍ପଷ୍ଟ କ୍ରନ୍ଦନ
ଅପନ୍ତରା ନର୍ଦ୍ଦମାରେ, ପୂତି ଗଂଧ ସଂକୀର୍ଣ୍ଣ ମନରେ
ଦେଖିଚି ସେ ଜମିଥିବା ବହୁଯୁଗ ଭ୍ରାଂତିର ବିକାର,
ହତ୍ୟା ଆଉ ଧର୍ଷଣର ବିସ୍ରସ୍ତ ପୌରୁଷ
ଦିବସର ପରିଛିନ୍ନ ଦର୍ପଣରେ ମୁହଁ ତାର ଘଷି।
ଏ ଦିବସ ମୃତ୍ୟୁ ଭଳୁ ଅଂଗେ ତାର କ୍ଳୀବତ୍ୱର ଛାଇ
ମୁଖ ତା'ର ଶେତା ଦିଶେ, ଓଠେ ଗାଲେ ନକଲି ସ୍ୱପନ
ଅନ୍ତରାତ୍ମା ଝୁରିମରେ-ଫଗୁତ୍ୱର ଦୁରୂହ ଯନ୍ତ୍ରଣା,
ଏ ରାତି ନିବିଡ଼ ହେଉ ଦେଉ ମୋତେ ପ୍ରୀତିର ଆଶ୍ଳେଷ।
ତୁମେ କୁହ ଏ ରାତିଟା ଭୟଂକର ଅତି
ଏକାନ୍ତ ବୀଭତ୍ସ ତାର ରୂପର ଭଂଗିମା,
ଯେହେତୁ ବୁଝିନ ତୁମେ ଦିବସର ବ୍ୟର୍ଥ ପ୍ରହସନ
ଅଂଧକାର ସବୁଦିନେ ଅଂଧାର ପ୍ରସୂତ।

■

ମାଛ

ରେ ସୁନା ସକାଳର ମାଛ
ମୋତେ ଆଉ ପ୍ରଲୋଭିତ କରନା
ତୋ ଚହଟ ଚିକ୍‌କଣ ଛଇ, ଓ
ଲାଜୁରା ହସର ଆଶ୍ଚର୍ଯ୍ୟ ଚାହାଣିରେ,
ମୋତେ ଆଉ ଝୁଲାଅ ନା,
ତୋ ଲୁଚାଛପା ଦେହର ଦୋଳିରେ।
ରେ ମାଛ, ତୁ ତ ଜାଣୁ
ଲଜ୍ଜାହୀନ ଧୈର୍ଯ୍ୟର ସମୟ
ପିଇ ନିଏ ସବୁ ରଂଗ, ସବୁ ଚତୁରତା,
ପାଣିର ଆବେଗ। ତୁ ତ ଧୋଉ
ଧଳା ବଗଙ୍କର
ହଲ୍‌ଚଲ୍ ନ ହେବାର
ପଟା ପଟା ରକତର ଦାଗ।
(ରେ ମାଛ, ଫୁଲେଇ ଗରବିଣୀ
ମାଆର ଢମପଣକୁ ତୁ ବୁଡ଼ାଇ ଦେ
କାଚ କେଂଦୁ ପାଣିର ଶବଦରେ।
ଓ ମୋର ବର୍ଗାକାର ପୋଖରୀର
ଶବ୍‌ଦ ହୀନ ପବନ ଓ ଗଜଦଂତ ପଲଂକ
ଉପରେ ବିଛାଇ ଦେରେ ତୋର
ରୁପା କାତି ଦେହର ମାଣିକ୍ୟ।)
ରେ ସୁନା ସକାଳର ମାଛ
ସଂଜ ନ ହେଉଣୁ, ରାତି ନ ପାହୁଣୁ
ତରବର ପିଂଧିବାକୁ
ନାଲି, ନେଳୀ ଶବ୍ଦଙ୍କର ଶାଢ଼ୀ ?

ଏମିତି ଉଚ୍ଛନ୍ନ ତୁରେ
ଢାଂକିବାକୁ ରାତିର ସଫେଦ ମୁହଁ
ବିଂନ୍ଦୁ ବିଂନ୍ଦୁ ଝାଳର ଚଦରେ।
ତୁ ତ ଜାଣୁ ମୁଁ ସଂଜ ଏବଂ ରାତି ଜଗୁଆଳ
ମୋ ଦେହର ପନ୍‌ଖି କାଢ଼େ
ତୋ ଦେହର ରୁପାକାତି
କେମିତି ଗର୍ବରେ ?
ରେ ମାଛ, ମୋତେ ଆଉ ପ୍ରଲୋଭିତ
କର ନା ରେ
ତୋ ଚହଟ ଚିକ୍‌କଣ ଛଇ,
ଲାଜୁରା ହସରେ।

■

ବିରହ

ସମୟ ତୁମକୁ ଦିଏ
ଫୁଲ ପରେ ଆଦର ଗୋଟାଇ,
ତୁମ ବିନା ଇଂଦ୍ରଧନୁ
ତୁମ ଭୁରୁ ଚିତ୍ରରେ ଲୁଚଇ ।।

ପବନର ଗୀତ ହଜେ
ତୁମ ବିନା ତୁମରି ଭାଷାରେ
ତୁମରି ହସର ଖରା
ଭିଜିଯାଏ ବରଷାର ଧାରେ ।

ସମୟ ତୁମକୁ ନିଏ
ପଣତରୁ, ଚୁଡ଼ିର ଶବ୍ଦରୁ ।
ତୁମ ବିନା ମୁଁ ଯେ ବଂଚେ
ହଜିବାର ନିଃସଙ୍ଗ ସୁଖରୁ ।।

ତୁମ ବିନା ଜାଲ ବୁଣେ
ବର୍ଷାଝରା, ଝାପ୍‌ସା ଜହ୍ନରାତି
ଉନ୍‌ମନା ସମୟ ଶାଣେ
ତୁମ ପ୍ରୀତି ସୀମଂତର ଜ୍ୟୋତି ।।

ସମୟ ପ୍ରତୀକ୍ଷା କରେ
ରାଜରାଣୀ ଦେହର ବଂଦରେ ?
ତୁମ ବିନା କୃଷ୍ଣଚୂଡ଼ା
ଫୁଟଇ କି ବିରହର ଡାଳେ !

■

ନୂଆଗୀତ

ଏଠି ନୂଆ ସପନର
ଢେଉ ମୋର ମନ ଯାଏ ଛୁଇଁ।
ଅନେକ ପିଛିଲା ଗୀତ
ଦରଦର ଭୂଇଁ ଦିଏ ଧୋଇ।

ଏଠି ନୂଆ ଲଟା ଦୋଳେ,
କୁନି କୁନି ଚଢ଼େଇର ପ୍ରୀତି।
ଯାହା ମୁଁ ପାରେନା ଭୁଲି-
ପରଲଗା ବଣର କପୋତୀ
ବାରଂବାର ସେଇକଥା
କହିଯାଏ....
ଆକାଶକୁ ଭରା ଦରିଆକୁ।
ଏହି ନୂଆ କିଆ ଫୁଲ
କଥା ଦିଏ କାହାକୁ? କାହାକୁ??

ଫୁଲ ଫୁଟୁ, ଫୁଲ ଲୋଟୁ।
ଗୀତ ଗାଉ ବସନ୍ତର ପକ୍ଷୀ,
ଆଜିକାର ନୂଆ ଗୀତ
କାଲିପାଇଁ ନରହୁ ଗୋ ବାକି।

କେଶ

ରାତିର ରଂଗକୁ ଫେଂଟି
ଅଫିମ ଓ ନାନା ଜାତି ମାଦକ ଦ୍ରବ୍ୟରେ
ତୁମରି କେଶର ଗଂଧ ମନଇଚ୍ଛା ମୋ ମନରେ ସଂଚାର କରିଲି । ଓ
ଯଥେଚ୍ଛା ଭାବିଲି ତୁମ ସମୁଦ୍ରର ନୀଳ ତରଂଗକୁ,
କିବା ତୁମ ବାଟ ଭାଂଗି ଲହରେଇ ଧାଉଁଥିବା ଭୀରୁ ଗୁଂଜନକୁ,
ଅଥବା ଉଦ୍‌ଭିନ୍ନ ତୁମ ଫୁଲାଣିଆ ନଈର ଗୀତକୁ
ମୁଖସ୍ଥ କରଂତି ଆଜି ରାତି ରାତି ଉଜାଗର ରହି
ଶ୍ରମକୁଂଠ ଅଳସୁଆ ଛାତ୍ରଟିଏ ପରି ।
ରାତିର ରଂଗକୁ ଫେଂଟି ଅଫିମ ଓ ନାନାଜାତି ମାଦକ ଦ୍ରବ୍ୟରେ ।।

ତୁମରି ମୁକୁଳା କେଶ ସ୍ୟାଁପୋ କରା ନୀଳ ଜଂଗଲରେ
ହେବାକୁ ମୁଁ ଚିତାବାଘ ମୁହଁର ଗାଂଭିର୍ଯ୍ୟ
ଇଚ୍ଛା ନାଇଁ ତିଳେ ହେଲେ । ଠେକୁଆର ଭୀରୁ ଭୀରୁ
ମୁହଁର ମମତା ନେଇ ସେ ଜଂଗଲେ ଲୁଚିବାକୁ
ପୁଣି କିଆଁ ଏତେ ଆକୁଳତା ! ଓ ତୁମର ନୀଳ ସମୁଦ୍ରକୁ
ହସାଏ ଲୁଚାଏ ମୁହଁ ଭାସମାନ ବୟାଁ ପରି ହସରେ ଦୋହଲି ।

ବର୍ତ୍ତମାନ କି ଉଚ୍ଚାଟ ବାସ୍ନା ଛୁଏଁ ବସଂତର ରକ୍‌ତର ଶିରାକୁ ?
କି ସ୍ୱପ୍ନ ସଂଚରି ଯାଏ ଧୋଇ ମୋର ଆଖିର ଜ୍ୱାଳାକୁ ?
ଓ କି ଯନ୍ତ୍ରଣା ସିଢ଼ି ବାଟେ ଶରଧାର ଅନ୍ୟ ଇଲାକାକୁ ?
ମୁଁ ତେବେ ଆଙ୍ଗୁଳିର ପାନିଆ ଚଳାଇ
ଡାକି ଆଣେ କିଛି ଦୁଃଖ । କିଛି ସ୍ମୃତି ଓ କିଛି ଫଗୁଣକୁ ଆଜି
କୋଇଲିକୁ ବଂଦୀ କରେ ମୋ ଛୁଆଁର ନରମ ତାତିରେ !
ଓ ରଜନୀଗଂଧାକୁ ଛଂଦେ ମୋ ମନର ବାହୁନାର ସୁରେ ।।

କିବା ମୋର ଲହରିତ ସ୍ନେହସବୁ ଅଜାଡ଼ିବା ଅନେକ ଆଗରୁ
ତୁମ୍ଭରି ସେ ଅବନତ ଇଚ୍ଛାର ପତାକା ଧରି
ଉଡ଼ାଏ ମୁଁ ଆକାଶର ଶିରି ଶିରି ପବନ ଦୋଳାରେ-
ଯେଉଁପରି ଫୁଲର ରଂଗରେ ଉଡ଼େ ପ୍ରଜାପତି-ମନ।
ଯେଉଁପରି ହଜାରେ ଇଚ୍ଛାକୁ ଭିଡ଼ି ସୁଅ କାଟେ ଫୁଲର ଜୀବନ।।

ଓ ଯେଉଁପରି ତୁମ୍ଭରି ସେ ତକ ତକ ଗୋରା ମୁହେଁ
ଝଲୁଥାଏ ଗୋଟେ ତିଳ ଚିହ୍ନ।।
ମୁଁ ତେଣୁ ଆଂଗୁଳିର ପାନିଆକୁ ଅପସରି ନେଲି
ଓ ପୁନର୍ବାର ତୁମ୍ଭରି ସେ ଅସଂଯତ ନୀଳ ଲହରୀରେ
ଆପଣାର ମୁହଁ ଗୁଂଜି କାହିଁକି ଓ କେମିତି ହଜିଲି ?
ମୁଁ ଯଦି ପାଆଂତି ରକ୍ଷା ଦାଉ ଦାଉ ଗ୍ରୀଷ୍ମର ନିଆଁରୁ
ମୁଁ ଯଦି ପାଆଂତି ଛୁଟି ଆପଣାର ଭୀରୁ କାମନାରୁ
ମୁଁ ଯଦି ପାଆଂତି ଟିକେ ସଂଜଫୁଲ ସ୍ନେହରୁ ରିଆତି
ହୁଏତ ମୁଁ ଖୋଜଂତି ଏକ କଳା ନାଗ ନିଛାଟିଆ ହ୍ରଦର କୂଳରୁ !
ହୁଏତ ପଡ଼ଂତି ଶୋଇ ତା ଉତ୍କଟ ଦଂଶନ ଜ୍ୱାଳାରୁ !
ତେଣୁ ଆଜି ରକ୍ତର ଫରୁଆ ଖୋଜେ ନୀଳ ତରଂଗରେ।
କେଂଦରାର ସ୍ୱର ବାଂଧେ ରଜାପୁଅ ଯୋଗୀଂଦ୍ର ବେଶରେ।।

ଇଚ୍ଛାହୁଏ ଆଜିର ଏ ଶୂନ୍‌ଶାନ୍ ରାତିର ମଥାକୁ
ଶରଧାରେ ଥାପୁଡ଼ଂତି ତାର ଚଂପାଫୁଲ, ବଉଳ ଓ ଶାଳମଂଜରୀକୁ
ଆଉ ଥରେ ଫେଂଟଂତି ମୁଁ ମହୁଲ ଓ ଅଫିମ ନିଶାରେ !
ଓ ଜବା କୁସୁମର ଗଂଧ, କାଂତା ସେଂଟ ମହକରେ ଝୁଲି ଝୁଲି
ମୁଁ ହୁଅଂତି ଘରମୁହାଁ ବାଟୋଇର ନାରେ ନାରେ
ଡାରେ ଡାରେ ଗୀତର ଲହର।
ଓ ବୟସର ଅଳସୁଆ ବିଜ୍ଞପ୍ତିକୁ ସେ ମହକେ କରଂତି ସଂଚାର।
ହେ ଲାଜକୁଳୀ ଇଚ୍ଛାମୋର ! ତୁମ୍ଭରି କାଳିଂଦୀ ଜଳେ
ମୁଁ ହୁଏ ଯୁଗ ଯୁଗ ସାଧନାର ଅନୁରାଗୀ ହଂସ।
ତୁମ୍ଭରି ସେ ମର୍ମରିତ ଝାଉଁର ଜଂଗଲେ

ମୁଁ ହୁଏ ପବନର ଚୋରା ଚୋରା ଚାହାଣିର ହସ ।
ଅଥବା ସେ ଚାହାଣିର ଥମଥମ ଲୁହର ଆଶରେ
ମୁଁ ହୁଏ ଡରକୁଳା ଜଂଗଲ ଓ ଯମୁନାର ଦୁରୁ ଦୁରୁ ଛାତି ।
ହେ ସ୍ମୃତିର ଉଡ଼ଂତା ସ୍ୱର ! ଆକାଶର ଦୂର ନୀଳ ଦରିଆ । ଓ
ଏକାଂତ ରାତିର ନିସଂଗତା ମୋର ! ଇଚ୍ଛା ଜାଗେ:
ତୁମରି କେଶର ମଦ ପିଇବାକୁ । ରାତିର ରଂଗକୁ ଫେଂଟି
(ଅଫିମ) କସ୍ତୁରୀ ଓ ନାନାଜାତି ମାଦକ ଦ୍ରବ୍ୟରେ ।।

■

ଏଠି ସବୁ ଧାନବିଲ

ଏଠି ସବୁ ଧାନ ବିଲ ।
ଶରତର ସବୁଜ ଚଅଁର
ଆଶିଷର ସ୍ପର୍ଶ ଦିଏ
ଭାଂଗି ରୁଜି ଜରାର ନଅର ।

ଏଠି ସବୁ ଦରିଆର
ସବୁଜିମା ଲହଡ଼ି ଭାଂଗୁଚି,
ଏଠି ସବୁ ଜୀବନର
                ଆଶା ଆଉ ଭରସାର
ବଂଚିବାର ସପନ ଦୋଳୁଚି !
ଏଠି ସବୁ ଧାନବିଲ ।
ପବନର ଢେଉ ଭାଂଗି
ଆକାଶର ଇଥରକୁ କାଟି
ଶିଶିରର ଭିଜା ଗୀତ
କ୍ଷେତେ କ୍ଷେତେ ଜମାଟ ବାଂଧିଚି ।
ଆଲୁଅର ଲୁଚକାଳି
ବରଷାର ଅମାନିଆ ନାଚ-
ଅଝଟ ଶିଶୁର ଅଳି
ଚଢ଼େଇଙ୍କ ଦରଭୁଲା ସ୍ମୃତିର ସଙ୍ଗୀତ,
ଚଉଦିଗେ ପରି ମୁକ୍ତ
                ଜୀବନର ସଫେଦ ଆକାଶ ।
ଏଠି ସବୁ ଧାନବିଲ
ଚୂନା ଚୂନା ଆନନ୍ଦର ଢ଼େଉ
ଅଧେ କଂଚା ଇଂଦ୍ରିୟର
ଦେହଟିକୁ କରିଚି ଘେରାଉ ।

ଅଦୂରରେ ଅଂଧାରର ହାତ
ସବୁଜ ଧାନର କ୍ଷେତେ
ଦରସ୍ଫୁଟ ଆଶା ବାଢ଼ି
ହେଉଛି ନୟାଂତ !
ଯେମିତି ପ୍ରେମିକ ଫାଂଦେ
ରୂପବତୀ ନାରୀ ପାଶେ
ଅନୁନୟ ଫାଶ।

ଏଠି ସବୁ ଧାନବିଲ
ଚାରିଆଡ଼େ ଲୁହ ଆଉ ଲହୁର ଖବର
ମାଟିର ନରମ ବୁକେ
ଆଙ୍କି ଦିଏ ଆନଂଦର
ଏବଂ କେତେ ଦରଦର ଗାର !
ଆଖି ଅପହୁଁଚ ପଠା-
ଗାଈଆଳ ଟୋକା କଂଠେ ଗୀତ,
ଘାସର ପାହାଚ ପରେ
ମରମୀ ବାଟୋଇ ଚାଲେ
ଡେଇଁ ଡେଇଁ ତା' ମନର ଚିଂତା ଆନିକଟ !

ଏଠି ସବୁ ଧାନବିଲ।
ଝରାଫୁଲ ପାଖୁଡ଼ାରେ
ଭରିଅଛି ପୁଂଜିଭୂତ ଶୋଚନାର ତାତି !
ଆକାଶେ ମେଘର ଭିଡ଼;
ଘରେ ଘରେ ପ୍ରୀତିର ରାଜୁତି।

ଏଠି ସବୁ ଧାନବିଲ
ଦାଆ ଆଉ କୋଦାଳର ଗାନ

ରକ୍ତର ତୋରାଣୀ ଫେଂଟି
ଢୋକେ ଗିଳେ ମୁମୂର୍ଷୁ ଜୀବନ !

ଦେହର ମାଉଁସ କାଂଦେ
ମାଗେ କେବେ ମୁକ୍ତ ସମର୍ପଣ(?)
ଚୁଲିର ନିଆଁର ଧାପେ
ଏଠି ପୁଣି ଶୁଣାଯାଏ ହସର ନିକ୍ୱଣ ।
ଏଠି ସବୁ ଧାନ ବିଲ
ଛଂଦ ଏବଂ କପଟର ବାଲି
ଚରିବା ଦୁଃସ୍ୱପ୍ନ ! ମୋର
ଅସଂଖ୍ୟ ଫୁଲର ଉତ୍ସେ
ଉଚ୍ଛଳିତ ମନର ଚାଂଗୁଡ଼ି ।

ଏଠି ସବୁ ଧାନବିଲ ।
ପବନର ପାନିଆରେ
ସବୁଜିମା ସଜାଡୁଚି ବେଣୀ,
ନରମ ସକାଳ ଧୁଏ
କ୍ଳାନ୍ତିର ମଇଳା କ୍ଷେତୁ,
ବହିଯାଏ କଳ ତାନେ ଯମୁନା ଉଜାଣି ।
ଏଠି ସବୁ ଧାନ ବିଲ ।
ମନଛୁଆଁ ମନର ବାରତା
ଆକାଶ ପବନ କହେ
କହେ ବିତ ଏ ମାଟିର
ଫୁଲ, ଫଳ, ଘାସ, ଗୁଳ୍ମ, ଲତା ।

ଏଠି ସବୁ ଧାନବିଲ ।
ପାଣି ଆଉ କାଦୁଅର ଛିଟା
ପିଚିକାରୀ ମାରି ଦେଲା
କିଏସେ ଗୋ ଏତେ ଫୁଲ ଗଂଧର ମହକେ ?

କିଏ ପୁଣି ଭରି ଦେଲା
ଜୀବନର ଏତେ ହସ, ଏତେ କାଂଦ
ରସଦର ଭରା ଛଂଦ
ମୁକ୍ତ ଏଇ କ୍ଷେତର ମୂଲକେ ?

ମୋ ମନଟା ବୁଡ଼ିଗଲା
ଫସଲର ଢେଉକୁ ଆଡ଼େଇ,
ଏଠି ସବୁ ଧାନବିଲ,
ଗୀତ ଗାଏ ମନର ଚଢ଼େଇ ।

ଏଠି ସବୁ ଧାନବିଲ ।
ଜୀବନର ବଗିଚାରେ
ଫୁଲ ଖାଲି ଫୁଲ !
କାଂଦିଲା ମନର ନିଦେ
ଓଦା ଓଦା ଚିଂତାରେ ଉତୁରି
ହାୟ ! ଆମେ ଧଂଦି ହେଲୁ
ଅଂଧାରର ଗୋହିରୀ ଭିତରେ !

ଏଠି ସବୁ ଧାନ ବିଲ ।
ଆଶା ଆଉ ଭରସାର
ଦାଆ ଆଉ କୋଦାଳର
ସଂଗୀତ ସଂଚରେ ! !

■

ଶାମୁକା

ତୁମକୁ ମୁକ୍ତ କଲେ ସମୁଦ୍ର।
ତୁମକୁ ଯୁକ୍ତ କଲେ ସନ୍ନ୍ୟାସ।
ଓ ତୁମକୁ ଛିନ୍ନ କଲେ
ବିଦୀର୍ଣ୍ଣ ପୃଥ୍ୱୀର ହାହାକାର!

ଅଥଚ ତମେ!
ମୋତେ ଯୁକ୍ତ କର।
ମୁକ୍ତ କର।
ଛିନ୍ନ କର।
ଓ
ଛିନ୍ନ କର
ଯୁକ୍ତ କର
ମୁକ୍ତ କର
ମୁକ୍ତାର ସନ୍ଧାନରେ।।

ତୁମେ ଦ୍ୱିଧା ହୁଅ
ତୁମେ ସିକ୍ତ ହୁଅ
ତୁମେ ରିକ୍ତ ହୁଅ

ମୁକ୍ତିର ବଂଧନରେ!!

■

ମୋ ସ୍ତ୍ରୀ ପାଇଁ ଗୋଟିଏ କବିତା

(୧)

ମୋ ଆକୁଳତାର ବାଲିବଂଧ ଏଇକ୍ଷଣି ଭାଂଗିବା ଉପରେ !
ଯେହେତୁ ମୋର ସମସ୍ତ ଦ୍ରବୀଭୂତ ପ୍ରୀତି, ଓ
ସାଇତା ଭୀରୁତାର ପାଂଚଲକ୍ଷ ଟଂକାର ସମ୍ପତ୍ତି
ଚୋର ନେଇଗଲେ। ଯେହେତୁ ମୋର ସମସ୍ତ ପୋଷା ଚଢ଼େଇଂକୁ
ଅକସ୍ମାତ୍ ଅଗ୍ନାଅଗ୍ନି ବନସ୍ତରେ ଛାଡ଼ିବାକୁ ହେଲା। ଏବଂ
ମୋର ଜିଦ୍‌ଖୋର୍ ସ୍ତ୍ରୀ ସହ ସହବାସ କରିବା ପୂର୍ବରୁ
ଚୁଂବନରେ ପୋତି ପକାଇଲି। ସେ ଚୁଂବନ ଫୁଲ ହେଲା।

ତା ମହକେ ଉଲୁସିଲା ଭିତର ଅଂଧାର ଓ ନିଜକୁ ମୁଁ ଫିଂଗିଦେଲି
ଫେଂଡୁ ଭଳି ଶୂନ୍ୟର ଶୂନ୍ୟକୁ।।
ତେବେ ପୁଣି ଭୟ କଣ ? ବାଦୁଡ଼ିର ଚିଇଁ ଚିଇଁ ଶବ୍ଦ ଓ
ବରଷାର ନୁଆଁଣିଆ ଛାତକୁ ଅର୍ଥ କରିବାର ପ୍ରୟୋଜନ କିସ ?
ମୋ ସଂପତ୍ତି ଜୁର ହେଲା। ଫଗୁଣର ଘୁମୁରା ମମତା
ବର୍ତ୍ତମାନ ସିଡ଼ି ବାଂଧେ ଶୂନ୍ୟକୁ ଓ ଶୂନ୍ୟତାରୁ ମୁକ୍ତି ଖୋଜେ
କବରୀର ଗଂଧ ସହ ମୋ ଆତ୍ମାର ସଚରିତ ଦୁଃଖ।

ମୁହୂର୍ତ୍ତର ଅର୍ଗଳୀରେ ଦିଶୁଥିବା ଟହ ଟହ ହରିକାଠ ଆଗେ
କିଏ ମୋତେ ଠିଆଇଲା ?- କାହାର ଚୁଡ଼ିର ଶବ୍ଦେ
ଭାଂଗିଗଲା ମୋ ମର୍ମର ଅଳସୀ ଉଷ୍ଣତା ?
ଓ କିଏ ମୋତେ ଦେଖାଇଲା ଆଜ୍ଞାଧୀନ ଜହ୍ନକୁ ମୋ
ଲହୁଣୀର ଆଂକୁଶୀ ବଢ଼ାଇ ? ଚକ୍ ଚକ୍ ଧାରୁଆ ଛୁରୀରେ
ହସକୁରୀ ସ୍ନେହ ସବୁ ଲହରେଇ ବାଟ ଭାଂଗିଯାଏ।
ମୋ ଲୁଂଠିତ ଲକ୍ଷ ଲକ୍ଷ ସମ୍ପତ୍ତିର ସଂଧାନ ବା ପାଏ।।

(୨)

ଆଗୋ ମୋର ପ୍ରେମବତୀ ସ୍ତ୍ରୀ। ତୁମର ମାର୍ବଲ ଜଂଘ
ମୋ ହାତରେ ଲୋଚା କୋଚା ବକ୍ଷ ଓ ବକ୍ରନାଭି, ନାତି ଦୀର୍ଘ ଦେହେ-
ଯାହା ଏଇ ଏକାଟିଆ ରବିବାର ବର୍ଷାଟାରେ ଗାଧୋଇଲା ବେଳେ
ତତାଏ ମୋ କାମନାକୁ-ସିଲ୍‌କି ଶାଢ଼ୀ ଇସ୍ତ୍ରୀ ଦେଲା ପରି।
ଏବଂ ତୁମ ପାନଖିଆ ଅସୁଂଦର ଦାଂତର ଠାଣିରେ
ମୂର୍ଚ୍ଛାହତ ହୁଏ ମୋର ସବୁ ଶୋକ! ଚିଁ ଚିଁ ଶବ୍‌ଦ ସାଥେ
ଶୁଣେ ତୁମ ଇକ୍ଷିକାର। ବରଷାର ନୁଆଁଣିଆ ଛାତି
ଖୋଲିଦିଏ ଆକାଶର ଘନନୀଳ ବ୍ଲାଉସ୍ ଓ ଯାବତୀୟ ଅଂତର୍ବାସ।

ବର୍ତ୍ତମାନ ମୁଁ ତୁମକୁ ପୂରାପୂରି ସମର୍ପଣ କଲି
ଓ ତୁମଠାରୁ ବ୍ରହ୍ମବିଦ୍ୟା ଶିକ୍ଷାର ଉତ୍ତାରେ
ଉଲ୍‌କାପାତ, ପଂଚଗ୍ରହ କୂଟ, ଖର୍ଚ୍ଚକାଟ ଓ ପିଲାଂକର ଡିସେଂଟ୍ରି ଦାଉରୁ
ନିଜକୁ ବଂଚେଇବାର କଳା ଶିଖି ତମକୁ ମୁଁ ଆଶ୍ୱାସନା ଦେଲି-

ଗୋ ପ୍ରିୟଂବଦେ! ଅଗ୍ନାଅଗ୍ନି ବନସ୍ତଟା ଭଲ।
ଏ ନିଛାଟିଆ କଦଂବର ଥରହର ଆତୁରତା ଭଲ।
ଏ ଭାରି ଭାରି ଉଦାସିଆ ପାଗ ପାଇଁ ରାଜହଂସ ନିଦ ଭଲ।।
ଯଦିଓ ଏ ମହରଗ ମୂଷା କରେ ଅଲିଅଳୀ ପୁଷିଟାକୁ ନିମିଷେ ଶିକାର।
ଯଦିଓ ଏ ଅଧ୍ୟାପକ ଚାକିରିଟା ତୁମକୁ ଗୋ ଲାଗିପାରେ ଭଲ।
କାରଣ ତୁମ ଭାଇମାନେ ରାତିକେ ଆଣଂତି ଘୋଡ଼ା;
ଆଉ ମୁଁ? ରକ୍ତରେ ଧୁଏଁ ଆପଣାର କଲିଜାକୁ ନିତି।
ଯାହା ଫୁଟେ ଫୁଲ ହେଇ ମୋ ନିର୍ଲଜ କବିତାରେ। ଯାହା ତୁମ ସ୍ମୃତି।

ବର୍ତ୍ତମାନ ଚାରୁଶୀଳେ! ମୋ କଥାକୁ ଅବଧାନ ହେଉ।
ମୋ ସାଇତା ଭୀରୁତାର ଚଂପାଫୁଲ ତୁମ ଦେହେ ନିତି ଫୁଟୁଥାଉ!

ଆଉ ତେବେ ଚିଂତା କଣ? ଶୂନ୍ୟରୁ ଶୂନ୍ୟକୁ
ବାଟ ବେଶି ଦୂର ନୁହେଁ। ଦେହରୁ ଦେହକୁ

ଓ ସମୁଦ୍ରରୁ ଗେଡ୍ଲେଇ ନଈକୁ କେତେ ବାଟ ?
ତେଣୁ ଆଜି ଚୋର ଭୟ, କ୍ଷୟ କ୍ଷତି ହରିକାଠ,
ମହରଗ ବଜାର ଓ ଫାଂକା ଫାଂକା ଶୂନ୍ୟର ଭୟରୁ,
ପିଲାଂକର ଗୁହ ମୂତ, କାହାଳ ଓ ରକ୍ତହୀନତାରୁ
ମୋତେ ତୁମେ ମୁକ୍ତି ଦେଲ। ଆଜିକାର ଉଦାସିଆ ପାଗ
ଏବଂ ଜୁଡୁବୁଡୁ ଶରଧାର ଝିନବସ୍ତ୍ର ଦେହରେ ଜଡ଼ାଇ
ମୋତେ ତୁମେ ମୋ କାକୁସ୍ଥ ଲାଜରେ ବା ମଗ୍ନ କଲ।
ଓ ମୋର ଶୁଭ୍ରତାର ନିର୍ବାକ ଆଖିରେ
ଫଳପ୍ରସୂ କାମନାର ଶାଖାର ଗହଳେ ଅସୁମାରି ଫୁଲ ଖୁଂଦି ଦେଲ।

ଆଗୋ ମୋର ରକତର ଫୁସ୍‌ଫାସ୍ ଚୁପ୍‌ଚାପ୍ କଥା !
ଆଗୋ ମୋର ତରଳିତ ପ୍ରାର୍ଥନାର ମୂକ ଅଧୀରତା !
ତୁମକୁ ଯେ ଈର୍ଷା କରେ ମୁକ୍ତ ମନ, ପୁଷ୍ପବତୀ ଦିଗଂତର ତରା।
ତୁମରି ସତ୍ତାକୁ ଧରି ଖୋଜି ପାଏଁ ଏକ ମଧ୍ୟ ବିଂଦୁର ଇସାରା।।

■

ସ୍ତନ

କେଉଁ ଏକ ଯଉବନୀ ନାରୀର ଶାଢ଼ୀରେ
ମୁହଁ ଗୁଂଜି ସକେଇବା ଅନୁଚିତ ହେଉ ବା ନ ହେଉ
ପୁତ୍ରବତୀ ଯୁବତୀର ଫୁଲ କିଆରିରେ
ସେନେହର ହାୱା ହୋଇ ବହିଯିବା ଏକାଂତ ଉଚିତ।

କାରଣ ମା'ର ସ୍ତନରୁ ମୋର ପ୍ରେମିକା ସ୍ତନକୁ
ଯୋଜନ ଯୋଜନ ଦୂର ଏବଂ ମୋ ଭାରିଜାର ଉବୁକା ପ୍ରେମରେ
ଯଉବନ ପଳାତକ ସାଜେ। ମନେ ହୁଏ ମୋ ଭିତରେ
ପିଲାଳିଆ ସ୍ମୃତିଠାରୁ ବୟସର ମଧ୍ୟାହ୍ନକୁ ଟପି
ସୂର୍ଯ୍ୟାସ୍ତ ପୂର୍ବର ରଂଗ ମିଶି ମୁଁ ତ୍ୱକୁ ଏକାକାର କରେ।

ତେଣୁ ମୋ ମାର ସ୍ତନ ଯୁଗ୍ମେ ବାତ୍ସଲ୍ୟ ମମତା ଜାଗେ
ଓ ସେ ମମତା ଯଶୋଦାଂକ ଲୁହରେ ବତୁରି
ମୋ ମୁହଁରେ କ୍ଷୀର ହୋଇ ଝରେ।

ଆଜି ମୋର ମନେହୁଏ ମୋ ମା'ର ଏକ ସ୍ତନେ ମୁହଁ ଗୁଂଜି
ଆରେକକୁ ମୋ ହାତରେ ରେକଟିବା ବେଳେ
ହୁଏତ ମାର ଅଧା ଦିହଟାରେ କାମନାର ନଈ
ଅଭିମାନେ ବହୁଥିବ! ଓ ଆର ଅଧକରେ
ଫୁଲେଇ ମାତୃତ୍ୱ ତା'ର କେଇ କଳ ଚୁମା ଏବଂ ସଂସାରୀ ନ୍ୟାୟରେ
ପୋଡୁଥିବ ମୋ ମୁହଁକୁ ମୋ ନିର୍ବିକାର ବକଟେ ନନକୁ!

ଏବେ ମୋର ପ୍ରେମିକାର ଭାଷାହୀନ ସ୍ତନର ସ୍ତବ୍ଧତା
ଭିଜା ଶାଢ଼ୀ ଢାଂକି ମୋତେ ବିହ୍ୱଳ କଲାରୁ
ମା' କଥା ମନେ ପଡ଼େ। ବୋଧେ ପଡ଼େ ନାଇଁ। ପଡ଼ିଲେବି
ହେତୁ ହେବା ଦୁଷ୍କର ବ୍ୟାପାର। ଯେହେତୁ ମୁଁ ତା ଦିହର

ବୃନ୍ତେ ଦୁଇ ଫୁଟିଥିବା ଫୁଲର ଗର୍ଭରେ
ଆତ୍ମଲୀନ ଉଦ୍ୟତ କେଶର ! ଓ ତାର ବର୍ଦ୍ଧମାନ ଆଶ୍ଚର୍ଯ୍ୟ ଛାତିରେ
ମୁଁ ଏକ ତିଳ ଚିହ୍ନ- ଯାହା ବହୁ ପ୍ରମାଦ ଓ ତ୍ରୁଟି ଗହଣେ
କନ୍ଦାଇବା ମିଛ ନୁହେଁ ! ଏବଂ ତାର ଖୁସିର ସମ୍ଭାର ଡାଳେ
ମୁଁ ଏକ ଉଡ଼ା ପକ୍ଷୀ । ଯେ ଭାସମାନ ଦୁଃଖର ମେଘକୁ
ଛୁଇଁ ଛୁଇଁ ମିଶିଯାଏ ବିସ୍ମୃତିର ଜଂଗଲ ଭିତରେ ।

କିଂବା ତାର ବହୁବର୍ଣ୍ଣୀ ଶାଢ଼ୀ, ବ୍ଲାଉସ୍ ଓ ବ୍ରେସିୟାରର ନୁଖୁରା ପ୍ରୀତିରେ
ଲଂବ ଲଂବ ଛାଇର ବିକୃତ ଚେହେରା ମୁଁ !

ଯାହା ତାକୁ ପ୍ରତେ ହୁଏ ଫୁଲଟବ୍, ଆପେଲ୍ ଓ ନାରଂଗୀ ରଂଗର
ବିସ୍ତୃତ ଅଗଣା ଓ ଚିତ୍ରିତ ଶାରୀର ଥଂଟ !

ମୁଁ ନିର୍ବିକାର ଓ ସଂଧ୍ୟାର ଉଦାର ଭାଷ୍ୟ ଭଳି
ମୁଁ ତାର ନୀରବ ଉଚ୍ଚାରଣ ! ଓ ସମସ୍ତ ନିଷିଦ୍ଧ ପ୍ରହର ଟପି
ଦିନର ଆଲୁଅ ଚାଟି ସଂଜର ଜିଭରେ
ରାତି ଉପସ୍ଥିତ ହେଲା ଭଳି ମୁଁ ଆସେ ଓ ଅନ୍ତର୍ହିତ ହୁଏ ।

ମୋ ପ୍ରେମିକା, ମୋ ମା ଓ ମୋ ସ୍ତ୍ରୀଙ୍କ ସ୍ତନରେ
ଜହ୍ନିଫୁଲ, ବର୍ଷା ଏବଂ ଗ୍ରୀଷ୍ମର ଶାସନ ।
ମୋ ସମସ୍ତ ଠୁଳୀଭୂତ ସ୍ନେହ ଆଉ ସ୍ମୃତିର ଓଠରେ
ବହୁଭିନ୍ନ ତରଙ୍ଗ ଓ ଲହରିତ ଜହ୍ନର ଉଷ୍ଣତା !

ଓ ବହୁ କିଲିବିଲି ଅଂଧାର ଓ କୁହୁଡ଼ିର ତୁଠେ
ପାଣିଚିଆ ମମତାର ବହୁ ଶିଉଳି ଓ ଶୀତଳ କରୁଣା ! !

ଯାହା ମୋତେ ରୂପାଂତର କରେ ଏକ ସରଳ ରେଖାରେ,
ବହୁ ଚିଂତା, କୋଳାହଳ, ହସ କାଂଦ ଓ ବହୁ ବହୁ
ରଂଗର ଛିଟରେ- ନୂଆ ନୂଆ ସ୍ପଂଦିତ ଇଚ୍ଛାରେ

ଜନ୍ମଠାରୁ ଜୀବନ ଓ ଜୀବନଠୁଁ ମରଣ ଇଲାକା ପର୍ଯ୍ୟଂତ।
ମୁଁ ଆଜି ଝଡ଼ ହେଇ; ମଳୟ ବି ହେଇ
ମୋ ସ୍ତ୍ରୀର ସ୍ତନ ଚୂଳେ ପିଟି ହୁଏ ଝାଉଁର ମର୍ମରେ।
ଅଥଚ ତାହାର ମୁକ୍ତ ସ୍ତନର ରଂଗରେ
ଭାର୍‌ନିସ୍ ହୋଇ ମୁଁ ଲେପିହୁଏ ପ୍ରୀତିର ତୂଳୀରେ।

(ଜୀବନର କାରୀଗର ଛଡ଼ା କିଏ ଏ ନୈପୁଣ୍ୟ ଜାଣେ ?)
ତେଣୁ ମୋ ସ୍ତ୍ରୀର ସ୍ତନ, ମୋ ପ୍ରେମିକା ସ୍ତନ ଓ ମୋ ମାର
ସ୍ନେହର ଚଂଚୁରେ
ମୁଁ ହୁଏ ଅଝଟିଆ ପିଲାର କାଂଦଣା ! ଓ ଅନୁରକ୍ତ ଦୁଃଖର ଆର୍ଶିରେ
ମୁଁ ହୁଏ ରକ୍ତାକ୍ତ ସକାଳ ଓ ସଂଧ୍ୟାକୁ ଉତ୍ତରଳ ରାସ୍ତା।।

ଆଜିର ଏ ଉଲୁସିବା ପର୍ବର ଦିନରେ
ତରଂଗିତ ଭିଡ଼ କିଆଁ ? ଓ ଭାସୁଥିବା ହଂସର ଡେଣାରେ
ରକତର ଚିତା କିଏ ଆଂକେ ? ମୋ ଗାଁର ଆମ୍ବତୋଟା, କ୍ଷିରୀବଣ
ଓ ଭଇଁଚର ସ୍ମୃତିର ନଈରେ କାହାର ସଂଭ୍ରାଂତ ସ୍ତନ ଦିଶେ ?

ଅଥବା ଏ ଉଦାସିଆ ଦିନର ମଶିଣାକୁ ଯତନେ ଲୋଟାଇ
କିଏ ତାର ଲୋଚା କୋଚା ସ୍ତନର ପିଠିରୁ
ହଳଦୀର ମଳିକୁଟି ଛଡ଼ାଏ ଖୁସିରେ ?
ଓ ନୀରବରେ ମୁହୂର୍ତ୍ତର ସିଡ଼ି ଚଢ଼ି କୁହୁଡ଼ିର ପରଦା ଛିଡ଼ାଇ
ମନେ କରେ ତା' ପ୍ରେମିକ (ଉଡ଼ାପକ୍ଷୀ, ଉଆଁସୀ ପକ୍ଷର ଜହ୍ନ ଓ
ରଣିଫୁଲ ରାତିର ଗାଁରେ ଗୁଡ଼ରିଆ କ୍ଷେତର ମହକ)-

ଅତ୍ୟାଚାରୀ ଆପଣାର ସ୍ୱାମୀ (ଘର ନାଁରେ, ଘର କରଣା ନାଁରେ
ଓ ସଂସାର ବାଂଧିବା ନ୍ୟାୟେ ଟିଂକ ଭଳି ଆଶା ଓ ଲୋଭକୁ
ଆକୁଳରେ ଜଡ଼ାଇ ରଖିଥିବା ଲୋକ)-
ଓ ପୁଂଜେ ଅବା ଦୁଇ ପୁଂଜା ପିଲାଂକ ଦାଉରୁ

(ବଂଶ ରକ୍ଷା, କୁଳ ରକ୍ଷା ଓ ବୁଢ଼ୀ କାଳେ ପୋଷିବାର ମିଛ ସାଂତ୍ୱନାରୁ)
ଉକ୍ଷତରେ ସ୍ତନ ତା ଢଂକାଏ !

ସମସ୍ତ କେତକୀ ବଣ, ନାନାବାୟା ଗୀତ ଏବଂ ପାହାଁତିଆ
ରାତିର ଉଷ୍ମତା
ବୁଢ଼ୀମାର ଘଂଟ ଭଳି ଝୁଲୁଥିବା ସ୍ତନର ଆଘାତେ
ମିଶିଥାଏ ଧୁଡୁ ଧୁଡୁ ଚମ ଦିହ ଘଂଟା ଶବଦରେ ।

ଯାହା ଆସି ସମୟର ଦିଆଲରେ (ସମୟ କି ସ୍ଥିର, ଅଚଂଚଳ !)
ପ୍ରତିଧ୍ୱନୀ ତୋଳେ-ମା, ପ୍ରେମିକା ଓ ଭାର୍ଯ୍ୟାର ମାୟାରୁ
ମୁଁ ହୁଏ ଅଝଟିଆ ପିଲାର କାଂଦଣା ।
ଓ ମୋ କାଂଦଣା ମହକର ଦିଗହଜା ଆକୁଳତା ନଈର ମୁହାଣେ

ନଉକାରେ ଘଟ ହେଇ ବସିବା ପୂର୍ବରୁ
ବାରଂବାର ମନେ ପଡ଼େ
ମୋ ପ୍ରେମିକା, ମୋ ମା ଓ ସ୍ତ୍ରୀର ସ୍ତନରେ
ଜହ୍ନି ଫୁଲ, ବର୍ଷା ଏବଂ ଗ୍ରୀଷ୍ମର ଶାସନ ।।

■

ସମ୍ରାଟ

ବର୍ତ୍ତମାନ ସହସ୍ରାକ୍ଷ ମୁଁ। ଆନଂଦର ହିଲ୍ଲୋଳରେ କଂପିତ ମୋର ସ୍ୱପ୍ନ।
ବିବର୍ଣ୍ଣ ମାଟିର ବକ୍ଷରେ ହୁଏତ ମୋ ବର୍ଚ୍ଛାର ଧ୍ୱନି ଡାକି ଆଣେ ସମର୍ପଣର ଦୈନ୍ୟ।
ମୋ ବିଜୟୀ ବସତିର ଚୌଦିଗେ ରକ୍ତର ଧ୍ୱଜା ଆଜି ଉଡୁଚି ! ନିଷ୍ପଲକ ଦୃଷ୍ଟିର
ଦିଗଂତରେ ମରାଳୀର ବିହାର ଓ ପ୍ରାଣର ଆଶ୍ୱିନ ରୋରୁଦ୍ୟମାନା ! ମୋର
ଦୁର୍ଦ୍ଦମନୀୟ ଇଚ୍ଛାର
ପିଠିରେ ଅସଂଖ୍ୟ ଫୁଲର ବୋଝ। ମୁଁ ଏକ ନିଶ୍ଚିତ ଓ ନିଷ୍ଠୁର ସତ୍ୟର ପ୍ରେମରେ
ରକ୍ତାକ୍ତ ଓ ବିଦୀର୍ଣ୍ଣ ! !

ମୁଁ ଏକ ଦୁର୍ବୋଧ ପ୍ରତିଜ୍ଞା ! ପୃଥିବୀର ବ୍ୟର୍ଥ ପତଂଗର ଆତ୍ମାରେ ମୁଁ
ଅଧିଷ୍ଠିତ। ସକଳ ସ୍ନିଗ୍ଧ ଓ କଂଚା ଯୌବନର ସରଳତାକୁ ଆଉଟି
ଆଉଟି ବ୍ୟସ୍ତତାରେ
ସଂତ୍ରସ୍ତ ମୁଁ। ଯାବତୀୟ ଉଦ୍‌ଭାସିତ ନିର୍ମଳ ଆଲୋକର ରୋମାଂଚରେ ମୁଁ ତଂଦ୍ରାତୁର
ଅଂଧାରର ପ୍ରତିଧ୍ୱନି ! ଚତୁର୍ଦ୍ଦିଗରେ କଳ ମୁଖର ଅଧମତ୍ୱ ମୋରି କରୁଣାର ଛିଟା।
ମୋରି ନିର୍ଦ୍ଦେଶର ନାଗରାରେ ଥରହର ଘୃଣିତ ପାରମ୍ପରିକ ମମତ୍ୱର ପ୍ରୀତି।
ଯାହାଂକ
ଅବାଂଛିତ ଦୟାରେ ମୁଁ ଜୟ କରିଚି ସତ୍ୟକୁ, ଯାହାଂକ ରୁଦ୍ଧ ଆବେଗର ଲାଭାରେ
ଗଢ଼ିଚି ମୋ ରୁଦ୍ରତାର ଗଡ଼।

ବର୍ତ୍ତମାନ ମୁଁ ବିଦ୍ୱେଷର ରାଜଦଂଡ଼ ଧରିଚି। ସହସ୍ର ବର୍ଷର ପିତୃତ୍ୱର ପୌରୁଷ
ଓ କାରୁଣ୍ୟର ଅବିଶ୍ରାଂତ ଦୁର୍ଯ୍ୟୋଗର ଯଂତ୍ରଣା ଭୁଲି ମୁଁ ବର୍ତ୍ତମାନ ଶାଂତିହୀନ
ଘୂର୍ଣ୍ଣିର
ଆବର୍ତ୍ତ ! ଫାଲ୍‌ଗୁନର ବିଚିତ୍ର ଶୋଭା ସଂପଦର ଆସରରେ ମୁଁ ବୈଶାଖୀର ମଧ୍ୟାହ୍ନ।
ମୋ ପ୍ରତୀତିର ଉତ୍‌କୂଳ ଜଳ ତରଂଗରେ ଆତ୍ମ-ପ୍ରତିଷ୍ଠାର ଉଦ୍ଧତ ଅଭିମାନ। ମୁଁ
ନିର୍ଲିପ୍ତ ନଦୀର ଉପକୂଳରେ ସ୍ପର୍ଦ୍ଧାର ଉଦ୍ୟତ ବ୍ୟଂଗ। ମୋ ଅଭିଜ୍ଞ ଓ ମୌନ
ନିକାଂଚନତାର ଦେହରେ ଧ୍ୱଂସର ନଗ୍ନ ପାଦଟୀକା ! !

ବର୍ତ୍ତମାନ ଆଫ୍ରିକାର ସିଂହ ଗର୍ଜୁଚି ! ଗର୍ଜୁଚି ଲୋହିତ ମନର ଶାଣିତ ଗୋଧୂଳି ! ଓ କାଂଦୁଚି ହିରୋସୀମାର ନିର୍ମମ ଖଂଡ଼ିତ ପଥର ! ବର୍ତ୍ତମାନ କାମଧେନୁର ଦୁଃସହ ଦୁଶ୍ଚିଂତାରେ ବନସ୍ପତିର ଲକ୍ଷ୍ମୀ ବିଦୀର୍ଣ୍ଣା । ଅପରାଧିନୀ ଅହଲ୍ୟାର
ସ୍ତନରେ ଗରଳର ଫୁତ୍‌କାର- ନିର୍ଜୀବ ମାଟିର ଓଠରେ କଂକାଳର ବିଦ୍ରୁପଭରା ହସ । ଉଚ୍ଛନ୍ନ ପରିବାରର ସ୍ୱପ୍ନ ପରି ବର୍ତ୍ତମାନ ପାଣିଚିଆ ଚେତନାରେ ଅରଣ୍ୟର ଆହ୍ୱାନ । ଓ ଗୀର୍ଜାର ଗଂବୁଜରେ କିମ୍ବା ତାଜମହଲର ବେଦନାସିକ୍ତ କାଂତିରେ ଶାଗୁଣାର ନିରାମୟ ସ୍ଥିତି । ବର୍ତ୍ତମାନ ଲୁଂଠନର ଦ୍ୱାର ମୁକ୍ତ ଓ ଦସ୍ୟୁବୃତ୍ତିର ଅଧିକାରପ୍ରାପ୍ତ ସୁନାଗରିକ ଗଣ ଦରବାରରେ ଉପବିଷ୍ଟ ! !

ପ୍ରତିବେଶୀର ଭୟରେ ମୁଁ ସତର୍କ । ସତର୍କ ଅସ୍ତ ଜହ୍ନର କରୁଣାରେ, ପ୍ଲାବିତ ସମୁଦ୍ରର ଛାତିରେ-ସତର୍କ ଭୀରୁ ଚଂପାର ଅସ୍ପଷ୍ଟ ଚଉପଦୀରେ ଗୁଂଜନରେ- ସତର୍କ ଜରତାର ପୁଷ୍ଟ ଯୌବନର ତୀକ୍ଷ୍ଣ ବର୍ଚ୍ଛାରେ- ବର୍ତ୍ତମାନ ଭୟର
ଆକାଶ ଓ ନିର୍ଭୀକ

ରାସ୍ତାର ଉଲ୍ଲାସ ପରି ରାଶିଭୂତ ମଂଥିତ ଯଂତ୍ରଣାର ସ୍ୱର । ଭୟର ଚକିତ କଂପନରେ ମୁଖରିତ ବୈରାଗୀର ଇସ୍ପାତ୍ ମନ । ଭୟର କ୍ରମଶଃ ବ୍ୟାପ୍ତିରେ ବିଚ୍ଛିନ୍ନ ସବୁଜ ସ୍ୱପ୍ନର ଆଲେଖ୍ୟ ! ଅବାଧ ଦାସତ୍ୱକୁ ତାଗିଦ୍ କରିବା କଂଠରେ ଆର୍ତ୍ତନାଦର ସୁସ୍ପଷ୍ଟ ଚେହେରା । ପ୍ରତିବେଶୀର ଭୟରେ ମୁଁ ବିତର୍କିତ ମୁହୂର୍ତ୍ତରେ ଏକ ସୁନ୍ଦର ନିଦର୍ଶନ । ।

ମୁଁ ଏ ପୃଥିବୀର ସମ୍ରାଟ୍ ? ସମ୍ରାଟ୍ ଏକ ସୃଷ୍ଟିଛଡ଼ା ସୃଷ୍ଟିର ଓ ଭଂଗୁର ପ୍ରୌଢ଼ୀର । ବିଦ୍ୟୁତର ସ୍ଫୁରଣ ଓ ଝଡ଼ର ଆୱାଜ ପରି ମୋର ଗର୍ବ । ଏକ ଜମାଟ ବଂଧା ଧୂଳିର ଚୌହଦୀ ଓ ଜକ୍ ଜକ୍ ମୁକ୍ତାର ଫ୍ରେମ୍‌ରେ ମୋ ଅନ୍ତଃପୁରର ଯୌବନ ଆଜି ହସୁଚି । ପରିହାସର ଚାବୁକ୍‌ରେ ବ୍ୟଗ୍ର ଅଂଧ ରାଜତ୍ୱର କାରିଗରୀ । ଝରଣା କାଂଦୁଚି ଓ କ୍ଷତ ବିକ୍ଷତ ସତୀତ୍ୱ ମାଗୁଚି କାଣିଚାଏ ଅଗ୍ନିର ମମତା ।

ବ୍ୟାଧିଗ୍ରସ୍ତ

ଜ୍ୟୋସ୍ନାର ରୂପରେ କେବଳ ପରିତ୍ୟକ୍ତ ଲାଳସାର ଦଂଶନ। ମୁଁ ସମ୍ରାଟ୍! ମୋର କ୍ଷୁଧିତ ଓ ଭୋଗବତୀ କ୍ଷମତାର ନିଆଁ ଜଳୁଚି। ମୋର ଶବ୍ଦ, ବର୍ଣ୍ଣ, ଗଂଧ ଓ ସ୍ପର୍ଶର ଝରକାରେ କୋଷମୁକ୍ତ ହିଂସାର ତରବାରୀ। ମୁଁ ଏକ ରୁଗ୍ଣ ଚେତନାର ପେଟରାରେ ଏକ ବିଷଧର କୁଟିଳ ସମ୍ରାଟ।

ଏକ ଆଶ୍ଚର୍ଯ୍ୟ ସକାଳର ପ୍ରସ୍ତୁତି ପାଇଁ ମୋର ସୈନ୍ୟ ସମାବେଶ।।
ଏଇ ସ୍ତବ୍ଧ ଓ ନିରଂଧ୍ର ଶାଂତିର ଭିକ୍ଷାରେ ପରିପୂର୍ଣ୍ଣ ପ୍ରାଣରାଜ କୋଷ!

ବର୍ତ୍ତମାନ ପ୍ରହରୀର ପ୍ରଶସ୍ତି,
ଓ ଅତୀତର ସ୍ୱଚ୍ଛ ଜଳରାଶିରେ
ମୋ ସ୍ଥିତିର ଭଂଗୁର ହସ
ସ୍ପଷ୍ଟ ବିଂବିତ।

ମୋର ଦୁଃସାହସ, ମୈତ୍ରୀ, କ୍ରୋଧ ଓ ବିରାଗର କାଂଦଣାରେ ଝରା ପତ୍ରର ମର୍ମର! ମୋର ଦୁସ୍ତର ଆଭିଜାତ୍ୟର ସମୁଦ୍ରରେ ପରିଚିତ ଜ୍ୱଳନର ହାହାକାର! ମୁଁ ଏକ ମେଘର ନିର୍ଜନ ସଂଚାରରେ ସ୍ପଂଦମାନ ବିଦ୍ୟୁତ୍ ଓ ଯୁଗୋଚିତ ସମ୍ରାଟ୍।।

■

ଉପସଂହାର

ବରକୋଳି ପତ୍ର ଓ ଦୁବଘାସର ଅଭିଷେକ ! ଛିନ୍‌ଛତ୍ର ପ୍ରତ୍ୟାଶା ଓ ପ୍ରତିଦାନର ପୁନଃ ପୁନଃ ନିମଂତ୍ରଣ। କ୍ଷୁଧା ଓ ଅନ୍ତର୍ଦାହୀ ଶୀତଳତାର ପୁନଃ ଆହାରୀର ଆବୃତ୍ତି !

ବର୍ତ୍ତମାନ ଲିତା, ଦଂଡ଼ ଓ ମୁହୂର୍ତ୍ତମାନଙ୍କର ପ୍ରାର୍ଥନା ଓ ଦୁଇ ସହସ୍ର ବର୍ଷର ସମବେତ ଯାତ୍ରାର ଜୟଧ୍ୱନୀ ! ଆଗରେ ମହାକାଳର ଦର୍ପିତ ପ୍ରତିରୋଧ ଏବଂ ଗୁଳି ଚାଳନାର ଆୱାଜ ସ୍ପଷ୍ଟ ! !

ମୋର ପୁତ୍ର ଏବଂ କନ୍ୟାମାନେ ମଂଦିରରୁ ଫେରିଲେ। ଘଂଟାଧ୍ୱନୀ ଓ ପୋଷା ବିଲେଇର ଶ୍ରଦ୍ଧାରେ ବତୁରିଗଲେ ସେମାନେ। ଗଛରେ ପିଜୁଳି, ଆମ୍ବ, ନେୱ୍ଳି,

ଡିମିରି ଓ ଗୁଆ, ନଡ଼ିଆ ମାନଂକର ମିଳିତ ଶୋକଶୋଭା !
ସେମାନଙ୍କ ଜନ୍ମସାର୍ଥକ ହେଲା !

ହେ ସମ୍ରାଟ୍ ! ହେ ସ୍ୱୟଂ ସମ୍ପୂର୍ଣ୍ଣ ସତ୍ତାର ମାଂଗଳିକ। ହେ ମୋ ଅଂଧ ନିର୍ମମ ବ୍ୟକ୍ତିତ୍ୱର କ୍ରମଶଃ ଉତ୍ତରଣ ! ତୁମ ମାନଂକର ଜୟ ହେଉ। ମୋ ଦୟନୀର ଧାରୁଆ ଅଂଧାରର ଓ ଜୟ ହେଉ ମୋ ବିକଳ୍ପ ମମତାର ! !

ବର୍ତ୍ତମାନ ଦୁବ-ଘାସର ଅଭିଷେକ।
ଓ ମୋ ସଭ୍ରାଂତ ଚେତନାରେ
ଝାଉଁର ମର୍ମର।

ବର୍ତ୍ତମାନ ମୋର ପୁତ୍ର କନ୍ୟା ମାନେ ପ୍ରସାଦ ସେବନରେ ବ୍ୟସ୍ତ। ଏବଂ ଏକ ସ୍ୱସ୍ତିର ଉପକ୍ରମଣିକା ସେମାନେ ମୁଖସ୍ଥ କରୁଚଂତି ! ବର୍ତ୍ତମାନ ଭୟର ଗୁମାନ ଏବଂ ହସର ମୃଦୁ ସ୍ପର୍ଶ।

ଉଦାରତାର ଶଂଖ ବାଜିଲା। ବାଜିଲା କରୁଣାର ଭେରୀ ! ତୁମ ମାନଙ୍କର ଜୟ ହେଉ ! ଜୟ ହେଉ କୋଦାଳର ଓ ଦାଆର, ଏବଂ ଆମ ଅଂତରଂଗ ପୁତ୍ର କନ୍ୟା ମାନଙ୍କର ! !

■

ରୂପାଂତର

ଭାଂଗିପଡ଼େ ବୃକ୍ଷଶାଖା, ଆକାଶ ଓ
ନିବୁଜ ଅରଣ୍ୟ। ଇତସ୍ତତଃ ସୋରିଷ ଫୁଲର
ଅଦୃଶ୍ୟ ସାମ୍ରାଜ୍ୟ। କଂଦାକଟା
ଦୃଶ୍ୟ କେଉଁ ଗ୍ରାମ୍ୟ ଶବାଧାର
ପାଖେ, ପାଖେ, ଟଗର ଓ ମଲ୍ଲୀର
ଆସର! ନିଂଦିବା କାହାକୁ ତେବେ?
ଉଡ଼ଂତ ପକ୍ଷୀକୁ ନା ତାର
ଛିନ୍ନଡ଼େଣା, ଥୋପା ଥୋପା ରକ୍ତ
ପ୍ରାର୍ଥନାର।

(୧)
ଗାଈଆଳ ଫେରିଆସ। ଘୂର ନାଇଁ
ତୁଚ୍ଛାରେ ପ୍ରାଂତରେ। ଡିଆଁ ନାଇଁ ଅକାରଣେ
ନିଦାରୁଣ ଖରାର ଝଡ଼ରେ। ହଜିଲା
ରନ୍ଧ୍ର କି ଆଉ ମିଳିବରେ।
ଅଧା ପେଟା ଗାଭୀର ଦୁଃଖରେ।
ରେ ମତୁଆଳ ଫେରିଆସ ନିଶ୍ଚିଂତରେ;
ମୁନିବର ନାଲିଆଖି, ନହ ନହ ପାଂଚଣତ
ତୁମ ଅପେକ୍ଷାରେ!!

(୨)
ସାମାନ୍ୟ ଦ୍ୱୀପର ମାଟି ଲୁହ ଏବଂ ଲେହନରେ
ଚିକ୍‌ଟା, କଲବଲ। ଯାହାକୁ ପଚାର;
ଅଜସ୍ର ବୋଝେଇ ପୋତ
ଏ କୂଳରୁ ଭାସିଯାଏ କେଉଁ ଆଡ଼େ
ଜାଣେ ନାଇଁ କେହି ଜଣେ,

ସମ୍ମୋହିତ ଢେଉଂକର ସ୍ଥିର କୋଳାହଳ।
ସବୁ ଏକ ପ୍ରଶ୍ନବାଚୀ, ଲୀଳା ଖେଳା,
ଓଲଟ କମଳ!!

(୩)
ନିଂଦା ଓ ପ୍ରଶଂସାମାନେ ସୁସଜ୍ଜିତ।
ପାପ ଏବଂ ପୁଣ୍ୟର ନଅର
ପାପ ଏକ ଝଲମଲ ପୋଖରୀର
ନୀଳଜଳ। ପୁଣ୍ୟ ସାଦା ପଦ୍ମର ସରାଗ।
ନିଂଦା ଏକ ଉତ୍ତାର ପବନ, ଏବଂ
ପୁଣ୍ୟ ଅଟେ ହତଭଂବ ବଢ଼େଇର ବାର୍ଶି!
ଛୋଟେଇ ଛୋଟେଇ ଆସେ ପ୍ରଶଂସା
ଓ ଦୂରଦେଶୀ ପକ୍ଷୀ ମାଳ, ମାଳ,
ଯେ ଆଡ଼େ ଚାହିଁଲେ, କୁଆ ରାରା କରି
ଭାଂଗିଦିଏ ଏକାତ୍ମୀୟ ଚେତନାର
ସୁଖ ନିଦ୍ରା, ଉର୍ଦ୍ଧ୍ୱମୁଖୀ, ଅଧଃମୁଖୀ,
ଭାବନାର ଗଡ଼।।

(୪)
ତଥାପି ଉଲଂଗ ଭୟ
ଚରିଯାଏ ଲୋଭନୀୟ ଶବ୍ଦର ବିଂଦୁକୁ
ପୁରୁଣା, କୋତରା ଦୃଶ୍ୟ
ପାପୁଲିରେ ତୋଳିଧରେ,
ଦୁଶେ ଖାଲି ଶୁଭ୍ରତାର ବିସ୍ତୃତ ନଗର
ମଝିରେ ରକ୍ତର ଟୀକା
ମୁକୁଟକି ଶୋକାର୍ତ ଆତ୍ମାର!

(୫)

ଆଂଠୁମାଡ଼ି, ଯୋଡ଼ି ହାତେ
ନଇଁପଡ଼େ ସଂଜର ଗୃହିଣୀ
ଚଉଦିଗ ଉଦ୍‌ଭାସଇ
ଛୋଟ ଛୋଟ ଫୁଲ ଏବଂ ଦୀପଶୀଖା
ଟଳମଳ ଆଖି ଓ ନିଶ୍ୱାସ ।
ଯେ ଆଡ଼େ ଚାହିଁଲେ ମାଟି,
ଏକାକାର ସମୁଦ୍ର ଆକାଶ !!

■

(୧୯୭୪ ଜାନୁୟାରୀ ଝଙ୍କାରରେ ପ୍ରକାଶିତ)

ଅଧିକାର

ମୁଁ ଏକମାତ୍ର ପୁତ୍ର ବାପାଙ୍କର। ଓ
ଚଉଦିଗେ ଛିନ୍‌ଛତ୍ର
ମୋ ସାମ୍ରାଜ୍ୟ, ଉତ୍ତରାଧିକାର।।
ମୋ ରକ୍‌ତର ରଙ୍ଗ ଫୁଲ
କୁଢ଼ କୁଢ଼ ଜମାହୁଏ।
ବାପାଙ୍କର ଅବାଂଛିତ ସ୍ନେହ
ଏବଂ ବିଜ୍ଞପିତ ପିତୃତ୍ୱର କୋଳେ,
ବାରଂବାର ନିରୋଳ, ନିର୍ଜୀବହାତ
ପୋଛିଦିଏ ମୋ ଧୈର୍ଯ୍ୟର ଲୁହ, ଏବଂ
ନିଷ୍ଠୁରତା ନିର୍ମମ ସକାଳେ।।

ଏକମାତ୍ର ପୁତ୍ର ହେବା କି ଗୌରବ!
କି ମଧୁର ଯଂତ୍ରଣା ଓ ସ୍ଫୁର୍ତ୍ତିର କୁହୁକ
ଓ କି ଆଶ୍ଚର୍ଯ୍ୟ ସାମ୍ରାଜ୍ୟର
ବାଂଛିତ ଆସନ!
ବାପା ତୁମ ଛଡ଼ା ଜାଣେ କିଏ।
ଜନ୍ମ ଏବଂ ମରଣର
ଗୋପନ ମୈଥୁନ।।

ମୁଁ ଏକମାତ୍ର ପୁତ୍ର ଏବଂ ସ୍ଥାଣୁ ସମୟର
ନିର୍ଲଜ ଅବଲୋକରା
ସଂଖ୍ୟାହୀନ ମୃତ୍ୟୁ ମୁଖାଝଡ଼,
ଏବଂ ବର୍ଷାହୀନ ବର୍ଷାର ଡାକରା।
ଏକମାତ୍ର ଶବ୍ଦ କେଡ଼େ
ନିଃସଂଗ ଓ ଅର୍ଥମୟ
ଧ୍ୱନିର ଖସଡ଼ା ବାପା

ତୁମେ ଜାଣ ଯୌବନର ହୁଂକାର
ଓ ପୁତ୍ରଙ୍କର ଅହଂକାର
ବଟ ବୃକ୍ଷପରି ସ୍ଥିର ଛାଇର ଅପେରା।।
ଏକମାତ୍ର ପୁତ୍ର ହେବା କି ଗୌରବ,
ସୁନାନାଖୀ ବୋହୂ ଏବଂ ଛୋଟ ଛୋଟ ସ୍ନେହର ଓଠକୁ
ଚୁମା ଦେବା ଅହଂକାର ! କି ବିଦ୍ରୁପ
ପ୍ରତିଶୋଧ, ହିଂସ୍ର ଅଧିକାର।
ଏକମାତ୍ର ପୁତ୍ର ପରେ
ଶିରସ୍ତ୍ରାଣ ଖୋଲି ପୁଣି ପିଂଧି ଖୋଲି ବାର।।

■

ବିମୂର୍ତ୍ତ ଶୋକ

ହେ ମୂଢ଼ କାପାଳିକ, ସଂଧ୍ୟାର ଉତ୍ତାରେ
ତୁମରି ନିଶ୍ୱାସେ ଘୂରେ ବିଷମୟ
ପୃଥ୍ୱୀର ପବନ;। ହେ ଜାରଜ, ବିଶ୍ୱସିତ ମୁହୂର୍ତ୍ତର ରଂଗ,
ରାତିର ଉତ୍ତାରେ: ତୁମରି ହସରେ ଝୁଲେ
ପରିଷ୍କାର ଆକାଶ ଓ ମୋ ପ୍ରସ୍ତୁତି, ଖରାର ଆଖଡ଼ା।
ତୁମ ବିନା, ହେ କୃତଘ୍ନ ନିଷ୍ଠୁର କାରୁଣ୍ୟ
କିଏ ବୁଝେ। ବିଜାତୀୟ ଚେତନାର ଅଦ୍ଭୁତ ଖସଡ଼ା।।

ସଂଜ ଏବଂ ସକାଳର ଅପାପ ଗର୍ଭକୁ
ବିଂଦୁ କଣ କରେ ଗର୍ଭବତୀ, ଦୁଇ ଦିଂଗତର ବିଂଦୁ
ସତେ କ'ଣ ଯୋଡ଼ି ଦିଏ ଶୂନ୍‌ଶାନ୍
ରାତିର ଉତ୍ତପ୍ତ ହାତ, ଏବଂ ଏକ ସ୍ଥିର ହାୱା
ସଂତର୍ପଣେ ଚାଟିନିଏ କୁହୁଡ଼ି ଓ କୁହୁର ପ୍ଲାବନ।
ହେ କୃତଘ୍ନ କାପାଳିକ, ସଂଜର ଉତ୍ତାରେ
ତୁମରି ପଲକେ ଘୂରେ ଗୃହହରା ସ୍ନେହ ଏବଂ
ଅନାସକ୍‌ତ ଅଂଜଳିର ଫୁଲ
ଏଣେ ତେଣେ। ଏକାକାର ବିଂଦୁ ଓ ପରିଧି।
ତୁମ ବିନା କିଏ ଜାଣେ, ନିଶ୍ଚୁପ ଅଧିର ବ୍ୟଥା
ସଂକ୍ରମିତ ଯଂତ୍ରଣାର ବ୍ୟାଧି।

ହେ ଭୀରୁ ଅନାସକ୍ତ ଦୁଃଖର ଫଗୁଣ,
କିଏ ଲୋଡ଼େ କାହାକୁ ଓ ଲୋଡ଼ିବାର କ୍ଳେଶ
ସଂଜ ବା ସକାଳ କେହି ନିରୁତ୍ତର ମୁହେଁ
ଶବ୍‌ଦଟିଏ ଓଠେ ଧରି ମରାଳଟି ପରି
ପାରିବ କି କହି ହେ ପ୍ରିୟ, ବିନମ୍ର ଆଷାଢ଼

ତୁମ ବିନା କିଏ ଜାଣେ ବିଂଦୁର ସିଂଧୁର ସୃଷ୍ଟି
କିବା ଦୁଇ ଭିନ୍ନ ସତ୍ତା ମିଶାଣ ଫେଡ଼ାଣ।

ହେ ଚପଳ, ଧୂର୍ତ୍ତ, ସ୍ଥିର, ଅବାଙ୍ମୟ
ଆବେଗର ଢମପଣ, ତୁମେ ଜାଣ
କେଉଁପରି ସଂଜ ମିଶେ ସକାଳ ଗର୍ଭରେ
ବା ଏକ ଅନୁଢ଼ା କିଶୋରୀ ପରି ସକାଳକୁ
ଗର୍ଭବତୀ କରେ କିଏ। ବିମୂର୍ତ୍ତ ଶୋକରେ
ତୁମେ ଜାଣରେ କୃତଘ୍ନ, କେଉଁପରି
ଶବ୍‌ଦ ହୀନ ଆକାଶର ଛାତି ତଳ
ଫାଟି ପଡ଼େ ପକ୍ଷୀଂକର କାକଳି ଓ ଧୂସର ମେଘରେ!!!

■

(ନବରବିରେ ପ୍ରକାଶିତ)

ଈଶ୍ୱରଙ୍କ ଫାଶି ପାଇବା ଦିନ

(୧)

ହେ ମୁହୂର୍ତ୍ତର ଈଶ୍ୱର, ହେ ପ୍ରତ୍ୟେକ
ଲିତା ଓ ବିଲିତାର ସର୍ବରାକାର, ଆଜି
ତୁମର ଫାଶି ପାଇବାର ଦିନ
ପ୍ରତ୍ୟେକଂକ ଘଂଟାରେ ବିସ୍ମୟ, ଏବଂ
କୌତୂହଳର ରଜପର୍ବ, ଘୋଡ଼ା ନାଚର
ଧୂଳି ଝଡ଼, ଏବଂ ଲୋକାରଣ୍ୟ
    ପ୍ରବଂଚିତ ପୃଥ୍ୱୀ !

ହେ ନିରପରାଧ, ସ୍ଥିର ମୁହୂର୍ତ୍ତ।
ତୁମକୁ ଫାଶି ଦେବାର ଅଧିକାର
କଣ ଅଛି ଅନିଶ୍ଚିତ ପ୍ରତ୍ୟାଶାର
ନା ଅସ୍ୱୀକୃତ ସାମାଜିକ ବ୍ୟବସ୍ଥାର
ନା ନିପୀଡ଼ିତ ସ୍ନେହ କାଂଗାଳ ଆତ୍ମାର
ତୁମ ଶ୍ରଦ୍ଧାର ଗୁପ୍ତଚର
ମୁଁ ଫାଶି ଖୁଣ୍ଟରେ ଝୁଲାଇବି
ତୁମ ଅନାତ୍ମୀୟ ଦୁଃଖର ୨୦୬ ଖଂଡ଼
ହାଡ଼ର କଂକାଳ ! !

(୨)

ତୁମ ପୁଲକିତ ଦୃଷ୍ଟିର ଝଲକରେ
ବା ତୁମ ଶାଣିତ, ନିରଲଂବ ହସର ଖଂଡ଼ାରେ
ନିଷ୍ଠୁର ଦାୟିତ୍ୱର ନିର୍ଭୟତା
ଖସିଯିବ ନାଇଁ ମୋ ହାତରୁ,
    ଓ ପ୍ରତିଟି ଅଂଗୁଳିର କଂଟାରେ

ଲେସି ହେଇଥିବା ରକ୍ତକୁ
ତମ ସର୍ବାଂଗରେ ବୋଳି ଦେବି,
ମୃତ୍ୟୁ ପୂର୍ବର ଯା ଶେଷ ଇଚ୍ଛା
ବା ଅଂତିମ ସାଂତ୍ୱନା!!
ହେ ରାଜାଧିରାଜ, ହେ ଅମୁହାଁ ଦେଉଳର ଦିଅଁ,
ହେ ଆତ୍ମସ୍ଥ, ନିଃସଂଗ ମହିମ୍ନତା
ତୁମର ଆଜି ଫାଶି ପାଇବାର ଦିନ;
ଓ ମୁଁ ଉଜ୍ଜ୍ୱଳ ପୁରୁଷର ଭଂଗୀରେ
କି ଉଦ୍ଧତ କି ଶାଂତ।।

(୩)

ଏଇ ଦେଖ ସୂର୍ଯ୍ୟ ନିଦ୍ରିତ। ପୃଥ୍ୱୀ ଚକିତ।
ଗ୍ରହ ନକ୍ଷତ୍ର କକ୍ଷଚ୍ୟୁତ, ଏବଂ
ରେ ରେ କାରର ଧ୍ୱନିରେ
ତୁମେ ଝୁଲୁଚ ଶୂନ୍ୟରେ। ହେ ଅଘରୀ,
ହେ ଯାଯାବରୀ, ହେ ସଂଜ୍ଞାହୀନ ଉତ୍‌କୀର୍ଣ୍ଣ ସଂଜ,
ତୁମର ପ୍ରତ୍ୟେକ ଲିତା ବିଲିତାରେ
ନିମଜ୍ଜିତ ମହାକାଳ, ତୁମର ପ୍ରତ୍ୟେକ
ବିପନ୍ନ ଅହଂକାରର ତେଜରେ
ଅସଂଭବ ଖୁସିର କରତାଳି
ହେ ଆହ୍ନିକ, ହେ ଦୋଳିତ ବ୍ୟାକୁଳତାର
ଶ୍ରାବଣ, ତୁମର ଫାଶି ପାଇବାର ଦିନରେ
ବିଚାର ଓ ନିର୍ବିଚାର ଏକାକାର, ଏବଂ
ସମୁଦ୍ର, ଆକାଶର ବଂଧନୀରେ
ମୁଁ ଏକ ଅପସୂୟମାନ ଶୂନ୍ୟତା!!!

■

(ଏପ୍ରିଲ୍ ସଂଖ୍ୟା ନବରବି ୧୯୭୪ରେ ପ୍ରକାଶିତ)

ବୟସ୍କ

ବୁଢ଼ାର ବିଶ୍ୱାସ ନାଇଁ
ବୁଢ଼ୀ ସମୟର କୋତରା ଆଖିକୁ।
ଟୋକାର ବିଶ୍ୱାସ ନାଇଁ
ଭରା ନଈର ଢିଙ୍କିଆ କିମ୍ଭୀରକୁ
ଓ ବଢ଼ିଲା ଝିଅ କି ବୁଝେ
ଶୁଖିଲା ନଈର ତେଢ଼ା
ଶ୍ୱାସର ଚିହ୍ନକୁ।

ପିଲାମାନେ ବା କି ବୁଝଂତି
ଚୁପ୍‌ଚାପ୍ ବସିବାର ବୟସ୍କ ପ୍ରସ୍ତାକୁ
ଏବଂ ଦାୟିତ୍ୱ ସଂପନ୍ନ ଲୋକେ
ଜାଣନ୍ତିନି
ଦାୟିତ୍ୱର ମାନେ ଫାଙ୍କିଦେବା
ଗଳଦ୍‌ଘର୍ମ, ଅଳସ ଇଚ୍ଛାକୁ।

କିଏ ବା ବୁଝଇ କଣ
ବୁଝିବାଠୁଁ ନବୁଝିବା
ଢେର ଭଲ। ଏଇ ଦେଖ
ବୁଢ଼ା ବାପ ଡିଆରୁଚି
ତା ପାରିଲା ପୁଅ ଝିଅ,
ନାତୁଣୀ ବୋହୂଙ୍କୁ

■

(ଆର୍ଯ୍ୟାବର୍ତ୍ତ ୧ମ ବର୍ଷ ୧ମ ସଂଖ୍ୟାରେ ପ୍ରକାଶିତ)

ଇଚ୍ଛାମତ

ପାଣି ଚହଲୁଚି ତ ଚହଲୁଚି !
ପବନର ଅଦୃଶ୍ୟ ହାତରେ
କଣ ଥିର ହେବ
ତାର ଅଧୀରତାର କୁହୁ।

ଅତଡ଼ା ଖସୁଚି ତ ଖସୁଚି !
ଧସା ବାଲିର ଚେର
କଣ ଭିଡ଼ି ଧରିବ
ତାର ଆଁ କରିଥିବା
ଶୂନ୍ୟତାର ଡାଳ,

ସୁଅ ଛୁଟୁଚି ତ ଛୁଟୁଚି !
ବକଟେ ପିଲାର
ଖିଆଲି ଗୋଡ଼ିର ତୀରରେ
କଣ ଲାଖିପାରିବ
ତାର ଅକାତ କାତ ବେଗର
ତାଳ ଗଛ ପ୍ରମାଣ ଦୁଃଖ।

■

(ଆର୍ଯ୍ୟାବର୍ତ୍ତ ୧ମ ବର୍ଷ ୧ମ ସଂଖ୍ୟାରେ ପ୍ରକାଶିତ)

ଶାଳଗ୍ରାମ

ଏମିତି ନିଷ୍ଠୁର ଅଂଧ ମଣିଷଟେ
ଧକଉଚି ପିଇ ପିଇ ଖରାବର୍ଷା
ବାଟଚଲା ସମୟର ଅଦଉତି
କେଉଁ ଲାଲ ସମୁଦ୍ରର ବାଲିର ଶେଯରେ
ଭସା ଭସା ମେଘର ଥଂବିଲା ଛାଇ
ଚୁମିଯାଏ କଳା ମଚମଚ ଦେହ

ଢଳିପଡ଼େ ସୂର୍ଯ୍ୟତାର ଧୈର୍ଯ୍ୟର ପିଠିରେ
ସମୟର ହାତଗୋଡ଼, ପାଣିର ସିଆର
ଆସ୍ତେ ଆସ୍ତେ ସାଉଁଳାଏ
ଶୋଚନାର ମଖମଲୀ ସୁନାର ପାହାଚ,
କୂଳଖିଆ ଢେଉଙ୍କର ନିଉଛାଳି
ଦେହେ ଦେହେ ଖଂଜିଦିଏ
ଦିକି ଦିକି ତାରା ଏବଂ ଦୀପରୁଖା ମମତାର
ନାଲି ନେଳି କାଚ

କିଏ ଅଛ ନିର୍ମାୟା ମଣିଷ
ଆସ ଆସ ତା ଦେହର ନିଗିଡ଼ା ରକ୍ତକୁ
ଆଂଜୁଳିରେ ତୋଳି ନିଅ। ନାଲି ଗାମୁଛାରେ
ଢାଂକିଦିଅ ଶ୍ୱାସରୁଦ୍ଧ ଆବେଗର ମୁହଁ।
ଓ ତାର ଚଉପାଶେ ବୁଣିଦିଅ
ଧୂପ, ଦୀପ, ଫୁଲ ଏବଂ ଅକ୍ଷତ ଚାଉଳ
କିଏ ଅଛ ହେ ଶବର
ତୋଳିନିଅ ତା ସ୍ନାୟୁର ନିରୁକ୍ତ ଉତ୍ତାପ ଏବଂ

ମନ୍ତ୍ର ପଢ଼ ତା ପଦ୍ୟର
ଜମିଥିବା ଧୂଳିର ପୃଷ୍ଠାରେ
ଭସା ଭସା ମେଘର ଥମ୍ବିଲା ଆଖି
ଢଳି ପଡ଼େ ସୂର୍ଯ୍ୟପରି
ତା ଧୈର୍ଯ୍ୟର ହାଡୁଆ ପିଠିରେ ।

■

(୨୫ଶ ବର୍ଷ ୯ମ ସଂଖ୍ୟା ଝଙ୍କାରରେ ପ୍ରକାଶିତ)

ରବିବାର

ହଳଦିଆ ପତ୍ରପରି
ଝୁଲୁଥିବା ଛ'ଟି ଫୁଲଂକୁ
ଝାଡ଼ିଦିଏ ରବିବାର। ଓ
ଫୁର୍ତିପରି ନରମ ଚମରେ
ଲେପି ଦିଏ କିଛି ଧୋବ
    କିଛି ନାଲି ରଂଗର ଚହଟ।।
ଆନମନା ଯୁବତୀର ଇତସ୍ତତଃ
ପୋଷାକକୁ ପିଂଧିନିଏ ରବିବାର
ତା ନିଶୂନ, ଅର୍ଥହୀନ ଶ୍ୱାସର ହାତରେ।

କୁହୁକିନୀ ଦୁଃଖପରି
ପୋଖରୀର ଭିନ୍ନ ତୁଠେ
ଭରିନିଏ ଶଂଖ ଶୁଭ୍ର କଳସୀ ଓ ଘାଟର ଆଡ୍‌ଡ଼ାକୁ,
ରବିବାର ଧୋଇ ଦିଏ
ଦରବୁଢ଼ୀ ଇଛାଙ୍କର
ଖରାବୁଡ଼ା ସଂଜର ଚମକୁ!!

ରବିବାର, ସଦ୍ୟସ୍ନାତା ଷୋଡ଼ଶୀର
ବାସ୍ନାଭିଜା ଦେହପରି ଚହଟ, ଚିକ୍‌କଣ,
ତୁନିତାନି ଗାଁର ସହରତଳି
ମଣିଷର ଜହ୍ନିଫୁଲ ବେକରେ ଝୁଲିବା ଭଂଗୀ,
ଚିଲିକାର ଆର୍ଶିପରି ମୁହଁର ଗଢ଼ଣ।।
ରବିବାର କୁହୁଳାଏ ଦୀର୍ଘଶ୍ୱାସ।।

ଝାଡ଼ିଦିଏ ହଳଦିଆ ପତ୍ର ଏବଂ
ପିଇନିଏ ଟିକିନିଖି ପାପର ସ୍ୱଦେଶୀ ମଦ

କ୍ରୁଶବିଦ୍ଧ ଯନ୍ତ୍ରଣାର ରଙ୍ଗୀନ ପାତ୍ରରେ।
ଓ ରହସ୍ୟରେ ଗଢ଼ିଦିଏ
ଏକ ସ୍ୱଚ୍ଛ ସକାଳର
ଝର ଝର ଖରାର ହୃଦୟ
ରବିବାର ଏକା ଏକା ଜଗିରହେ
ପୁଷିପରି ଘରମଣା ମୂଷା ଏବଂ
ଅଧାଜଳା କ୍ଷତର ଖବର!!

■

(ଆସନ୍ତା କାଲିରେ ପ୍ରକାଶିତ)

ଆମ୍ରସ୍ତ ମୁହୂର୍ତ୍ତର ସ୍କେଚ୍

ଘନିଷ୍ଠ ମୁହୂର୍ତ୍ତ, ଦେଖ
କେମିତି କାକୁସ୍ଥ ଏବଂ ହେଠମୁଖ,
ଗଳଦ୍‌ଘର୍ମ, ବାକ୍ୟହୀନ, ସ୍ଥିର ଦାର୍ଶନିକ
ଅର୍ଥହୀନ ସମୟର ଗୋଇଠିରେ
ଦଳି ଦେଇ କାନ୍ଦୁଥାଏ
ପ୍ରତ୍ୟାଶିତ ଘଟଣାର ଶୋକ,

ବିବର୍ଜିତ ଇଚ୍ଛାସବୁ ସ୍ଥୈର୍ଯ୍ୟହୀନ,
ଉବୁଟୁବୁ ହୁଲିଡଂଗାପରି
ଉଚ୍ଛୁଳା ନଈର କୂଳେ ବିକ୍ଷିପ୍ତ ଓ
କ୍ଳାଂତ, ଶୋକାଛନ୍ନ।
ଦୁରାଂତର ସୂର୍ଯ୍ୟ ବୁଡ଼ା ଆକାଶ ରଂଗରେ
ଗାଢ଼ହୁଏ ମୃତ୍ୟୁ ଓ ଜାଗତିକ
ଶ୍ଳୋକ ଉଚ୍ଚାରଣ!!

ଘନିଷ୍ଠ ମୁହୂର୍ତ୍ତ ଦେଖ
କେମିତି ଉଦାର, ଧୀର ଏବଂ ଆନୁଗତ୍ୟ
ଦର୍ପଣରେ ମୁହଁ ଦେଖେ,
ଛଳ ଛଳ ଆଖି ଏବଂ ବିଡ଼ମ୍ବିତ
ଚେଷ୍ଟାର ଭାସ୍କର୍ଯ୍ୟ
କ୍ରମେ ମୋର ଉଚ୍ଚକିତ ବଡ଼ିମାର
ଔଦ୍ଧତ୍ୟଇଁ ଆଣ୍ଠୁଭାଙ୍ଗି ଆଡ଼ ହାତେ
ଲୋଡ଼ି ବସେ ନିବିଡ଼ତା-ଦୈନ୍ୟ!
ସବୁ ଦମ୍ଭଥିଲା ପଣ ହଜିଥାଏ
ଚାହୁଁ ଚାହୁଁ ବିନ୍ଦୁର ସତ୍ତାରେ

ଘନିଷ୍ଠ ମୁହୂର୍ତ୍ତ ଦେଖ
ଡାକିଆଣେ ଘନଘୋର ବର୍ଷା ଏବଂ
ଆଶାତୀତ ବିସ୍ଫୋରଣ କେଇଗୋଟି
ସ୍ଥିର ଆବେଗରେ

■

(୧୯୭୨ ଡିସେମ୍ବର ସଂଖ୍ୟା ନବରବି)

ଜଣାଣ

ମୋର କୌଣସି ନିର୍ଦ୍ଦିଷ୍ଟ ଅଭିଯୋଗ
ଅଛି ଯେ ତୁମକୁ ନେହୁରା ହେଇ
ପଦୁଟିଏ ଉଚ୍ଚାରିବି ହେ ପ୍ରଭୁ
ହଟଚମଟର ଉଭଁରୀରୁ ବା
ଆଇଁଷିଣା ମାଟିର ହୃଦରୁ।
ନେଇ ଯାଅ ଶୂନ୍ୟ ଗୋଲକକୁ;
ବା କେଉଁ ଭୋକ ଶୋଷ ହୀନ
ଚୈତ୍ରର ଶେଷ ଦିନ, ଶେଷ ଦଣ୍ଡ, ଶେଷ ଲିତା
ବିଲିତାର ପ୍ରାର୍ଥିତ କୋଳକୁ ବା
କେଉଁ ଅହଂକାରୀ ଆଷାଢ଼ର ମେଘର ପଲଟଣ
ସିଟିମାରି ଧାଉଁଥିବା ନୀଳଶୈଳ
ରକ୍‌ତର ଚୂଡ଼ାକୁ। ହେ ପ୍ରଭୁ କୌଣସି
ସଂଭାବ୍ୟ ଇଚ୍ଛାର ନିଶ୍ଚିତ ଅର୍ଦଳି
ଅଛି ଯେ: ପଦୁଟିଏ ଉଚ୍ଚାରିବି
ଶ୍ରୀ ଛାମୁରେ
ଆତ୍ମଭୋଳା ଲଗ୍ନରେ, ବା ତୃତୀୟ ଚକ୍ଷୁରେ!!

ଯାର କିଛି ଦବାର ଥାଏ କହିବାର ଥାଏ
ବା ନବାର ଥାଏ ତୁମଠୁଁ, ତୁମ ଓସ୍ତାଦି
ଖେଳର ବଚନିକାରୁ ବା ରଂଗିନ୍ ଫୁଲର
ଦୁର୍ଗଂଧ ବାସ୍ନାରୁ ବା ଉଜ୍ଜ୍ୱଳ ମଣିର ସ୍ପର୍ଶରୁ
ଏମିତି କିଛି ଓଜନଦାର, ଆଖିଦିରିଶା
ଭାଗ୍ୟର ଚଂପାଫୁଲ: ସେ ସିନା ଖଂଜଣିରେ
ବାନ୍ଧିବ ତୁମକୁ ଭୁଲାଇବାର ଗୀତ,
ତୁମକୁ କୁହୁକ କରିବାର ପ୍ରସନ୍ନ ମନ୍ତ୍ର,
ତୁମକୁ ଭକୁଆ କରିବାର ତାଂତ୍ରିକତା!

ସେମିତି କିଛି ମୋର ନା ଅଛି ଫନ୍ଦି
ନା ଦୂରଭିସଂଧି, ନା ଶାଂଠପଣିଆର
ରାଜବାଟୀ ଯେ: ତୁମ ଜନ୍ମ ଦିନର ସ୍ମୃତିରେ
ଭିଜାଇ ଦେବି ନ ହସି ପଡୁଥିବା ଅଂଧାର,
ତୁମ ଯୌବନର ଦୁର୍ଦାନ୍ତ ପାଗଳାମିରେ
ହଜାଇ ଦେବି କୌଣସି ଅଭିଯୋଗର
ସାମାନ୍ୟତମ ରଣ କୁହୁଡ଼ିର କୁହୁ,
ବା ଜହ୍ନିଫୁଲର ସୋହାଗ!!!
କିନ୍ତୁ, ଗୋଟାଏ କ୍ଷୁଣବିଦ୍ଧ ମୁହୂର୍ତ୍ତରେ
ଯେବେ ତୁମକୁ ଭେଟିବି, ଜାଣିବ,
କି ସାଂଘାତିକ, କି ନିଷ୍ପାପ ଛାୟାହ୍ନରେ
ଅଭିଯୋଗ ଥିଲା ଗୋଟାଏ
ନିକଟତମ, ଅଥଚ ଦୂରବର୍ତ୍ତୀ
ଆତ୍ମୀୟ ସତ୍ୟର, ଦିଜ୍‌ଖୋର ଉତ୍‌କଣ୍ଠା
ବା ଅଦୃଶ୍ୟ ଡିମିରି ଫୁଲର!!!

■

(୧୯୭୫ ନଭେମ୍ବର ନବରବିରେ ପ୍ରକାଶିତ)

ଅଥଚ

ସବୁ ହାଡୁଆ ସତ୍ୟର ପାଲି
          ମଲା ସାପ ଭଳି ଗଡୁଚି
ନା ଅଚେତ ଆଲୁଅରେ
ଝଟକୁଚି ଏମିତି, ଲୋକ ଦେଖାଣିଆ,
          ଖୁସିର ଚଉତରାରେ ଯେ, କିଛି
ଜାଣି ହେଉନାଇଁ ଗାଧୁଆ ଦିନର
ବାସ୍ନା କିମିତି ଚହଟେ କିମିତି
ମହାମହା ଦାନ୍ତୁଆ ପୁରୁଷଙ୍କ
ଆଷ୍ଟପଣ ଖସିଯାଏ
ଅନିର୍ଦ୍ଦିଷ୍ଟ ଅପ୍ରତ୍ୟାଶିତ ମୁହୂର୍ତ୍ତରେ
ଘରବୁଡ଼ା ମାୟାବୀ ସ୍ୱପ୍ନର
ହୁଂକାରରେ।।

ନିଜକୁ ପ୍ରବୋଧିବା ଭଳି ଧିକ୍କାର
ଠାରୁ ଅଧିକ କଣ ବିଡ଼ମ୍ବିତ
ଜଳନ୍ତା ଜୁଇର ଅଭିଶାପ
ଅଛି ଯେ ଅନ୍ୟକୁ ଧିକ୍କାରିବି
ବା ମଥା ନୁଆଁଇ କୁର୍ଣିଶ୍ କରିବି
ମଣିଷ ପଣିଆର ଧୂ, ଧୂ, ଧୂସର
ପାଣ୍ଡୁଲିପିର ନିର୍ଜନତା
ସମାଧିସ୍ଥ ସର୍ତ୍ତର କବରେ।।

ଅଥଚ ସାମାନ୍ୟ ହସର ଖଂଜଣି
ବଜାଇବା କି ନ୍ୟାୟ, କି,
ନ୍ୟାୟଧିପର କୁଂଚକାନି ଧରି
ମଥା ଟୁଙ୍ଗାରିବା କି ଧୂର୍ତ୍ତତାର

ଢମପଣ ଯେ: ସବୁ ହାଡୁଆ ସତ୍ୟର
ପାଲି ଗଡୁଚିତ ଗଡୁଚି,
ତରଳି ଯାଉଚି ପ୍ରତିଷ୍ଠାର ଅଂଧାର

କାଳତ କାଳ, ମହାକାଳର
କପାଳରେ ଲେଖାନାଇଁ
କୌଣସି ନିର୍ଦ୍ଦିଷ୍ଟ ଶବ୍ଦର ଅର୍ଥ
ବା ସଂଜ୍ଞା। ସବୁ ବଦଳି ଯାଏ।
ସବୁ ମୁର୍ଦ୍ଦାର ଭଳି ସଢ଼ିଯାଏ; ସବୁ
ପଚା କୁଟାଭଳି ଉଦ୍‌ଭିନ୍ନତାର ଛତୁ
ଫୁଟାଏ ଯେ ଅର୍ଥ ଖୋଜେ ଶବ୍ଦକୁ
ଶବ୍ଦ ଲୋଡ଼େ ଅନର୍ଥକୁ, ଅନର୍ଥର
ଚକା ଆଖି ଉଣ୍ଡୁଥାଏ ଜୀବନକୁ,
ଜୀବନ ସଂଚରିଯାଏ ରକ୍ତର ଚମକୁ,
ଓ ରକ୍ତ ସବୁ ଗାଢ଼ ହେଇ କଳାହେଇ
ଚକା ଚକା ଡୋଳାପରି
ତରାଟଇ ଅସ୍ତବ୍ୟସ୍ତତାର ନିର୍ବିକଳ୍ପ
ସମାଧିକୁ! ଅଥଚ

ମୁହୂର୍ତ୍ତର ହାତରୁ ମୁହୂର୍ତ୍ତର
ଓଠରୁ ମୁହୂର୍ତ୍ତ, ମୁହୂର୍ତ୍ତର ଆଣ୍ଠୁ ଗଣ୍ଠିରୁ
ମୁହୂର୍ତ୍ତ ଡେଇଁ ପଡ଼େ ଚପଳ ଖୋଜକୁ
ଖୋଜର ଜଖମକୁ; କଅଁଳ
ଘାସର ନହଡ଼ି ଭଂଗା
ଦୁର୍ଦ୍ଦାନ୍ତ ପଣିଆକୁ!! ଅଥଚ:

■

(୧୯୭୫ ନଭେମ୍ବର ନବରବିରେ ପ୍ରକାଶିତ)

ଭୁଲ

ଭୁଲର ତ ନାଁ ନାଇଁ, ଅନାମ ଖସଡ଼ା
ଖୋଲିଦିଏ ସାନ ବଡ଼ ପାହାଡ଼ର
ବନ୍ଦଥିବା ବାକ୍ସ ଏବଂ ସିନ୍ଦୁକ, ପେଟରା।
ଅନାବନା ବର୍ଷିୟସୀ ପାପର ମେଖଳା ପିନ୍ଧା
ଧାଉଁଥିବା ମୁହୂର୍ତ୍ତର ଠାଣି, ନିମିଷେକି
ସ୍ଥିର ହୁଏ ଶାମୁକାର ଦିକି ଦିକି
ଲୁହ କିମ୍ବା ଲହୁର ଆଷାଢ଼, ନିମିଷେକି
ଧୋଇଦିଏ ଶ୍ରାବଣର ଆତୁରତା, ମୃତ ପ୍ରେମିକାର
ଅସ୍ପଷ୍ଟ ଚେହେରା ଏବଂ ସିନ୍ଦୂରିତ ଦୁଃଖର କଙ୍କାଳ !

ଭୁଲର ତ ନାମ ନାଇଁ। ନାମ ହୀନ ଅତୀତର ଗଳି
ମୁଣ୍ଡରେ ଏକାକୀ ଠିଆ। ଚଉପାଶେ ସନ୍ଦେହ ଓ
ଦରପୋଡ଼ା ବସନ୍ତର ତୀବ୍ର ଧୂଆଁଜାଲ।
ଭୁଲର କି ନାମ ନାଇଁ। ଅନ୍ୟନାମ
ବଇଶାଖୀ ଖରା ଏବଂ ଶୋକର କଙ୍କାଳ।

ଜାରଜ ସ୍ୱପ୍ନଟେ ପରି ଘୂରି ବୁଲେ
ନାମ ହୀନ ଭୁଲ ଏବଂ ଉଚକିତ ପରାସ୍ତ ମୁହୂର୍ତ୍ତ,
ଫାଙ୍କା ଏକ ଛୁଟିଦିନ ସମୃଦ୍ଧ ଇଚ୍ଛାରେ
ଯେଉଁପରି ହୁଏ ମୁକ୍ତ, ଖୋଜେ ନୂଆ ଜାଣିବାର ତତ୍ତ୍ୱ।।
ଭୁଲରତ ନା ନାଇଁ। ଭାରସାମ୍ୟ ହୀନ ଏକ
ତରାଜୁର ଉତ୍‌ଥାନ, ପତନ। ସାମାନ୍ୟ ଅସ୍ଥିର ବ୍ୟଥା,
ଯାରନାମ ଭୁଲ ଏବଂ ଜୀବନର ଶୁଦ୍ଧ ଉଚ୍ଚାରଣ,
କାନ୍ଦ ନାଇଁ, ହସ ନାଇଁ, ନାଇଁ ତାର
ବିଚଳିତ ଦୁଃଖର ଆକାଶୀ ରୂପ
ନାଇଁ ତାର ସ୍ଥିତି ଅବା ଗତିର ବାହୁନା,

ଭୁଲ ଏକ ନାମ ହୀନ, ରଜବତୀ ସ୍ମୃତି ଏବଂ
ଡେଣାକଟା ପକ୍ଷୀର ଠିକଣା ।

ଭୁଲ ଏକ ଚିର ସ୍ଥାୟୀ ବନ୍ଦୋବସ୍ତ
ପରି ଟାଣେ କୁହୁଡ଼ିଆ ଉଲ୍ଲାସର ସରହଦ
ସହରର ରସଦ ଆସରେ ।
ଭୁଲର ତ ନାଁ ନାଇଁ । ନାମହୀନ ଦ୍ରୁମପରି
ନିର୍ବିକାର, ଖରା ଏବଂ ବର୍ଷାର ମାଡ଼ରେ ।
ଭୁଲ ଏକ ପଳାତକ ସମୟର ସାଦା ରବିବାର
ଛାତିରେ କେତୋଟି ଶବ୍ଦ, ଅର୍ଥମୟ
ଧ୍ୱନିର ଖଞ୍ଜଣି !
ଭୁଲ ଏକ ନାମ ହୀନ ଛେଉଣ୍ଡ ପିଲାର
ଡବ, ଡବ ଆଖି ଏବଂ ଭୁଆଁବୁଲା ରାସ୍ତା, ଚୌମୁହାଣୀ ।

■

(ସଜଫୁଲ ୧ମ ବର୍ଷ, ୧ମ ସଂଖ୍ୟାରେ ପ୍ରକାଶିତ)

ସ୍ୱକୀୟ

ତିଳେ ହେଲେ ଶବ୍ଦର ତରଙ୍ଗ
ସ୍ତବ୍ଧ ହୁଅ। ଧୀର ଏବଂ ଶାନ୍ତ ଆହ୍ଲାଦରେ
ଶୋଇପଡ଼ ଯୁଗ ଯୁଗାନ୍ତର
ମୋ ରକ୍ତର ନୀଳହ୍ରଦ
ପିଇ ନେଉ ଏଯାବତ୍ ସ୍ଥିରୀକୃତ
ଆଧିପତ୍ୟ, ପ୍ରୌଢ଼ୀ ଏବଂ ଯନ୍ତ୍ରଣାର ସ୍ୱର!!
ତୁମିହୁଅ ହେ ଶବ୍ଦ, ହେ ତରଙ୍ଗ
ହେ ଶାନ୍ତ ଅଧୀର ଆକାଶ
ତୁମ ସ୍ୱଚ୍ଛ ଦର୍ପଣର ହସ ଏବଂ ବତୁରା ଦୁଃଖରେ
ମୁଁ କ୍ରମେ ଭିଜିଯାଏ।
ବର୍ଷାଝରା ଅନ୍ଧକାର ପରି
ତୁମି ହୁଅ ହେ ମୁହୂର୍ତ୍ତ, ହେ ମୋର ଧୂର୍ତ୍ତ ପାରଗତା,
କ୍ଷତି ନାଇଁ ମୋ ଭିତରେ ତୁମ ମୁହଁ
ଲୁଚିବାରେ
ଲାଭ ନାଇଁ ଯାଯାବର ଇଚ୍ଛାର ଡମ୍ବରୁ
ଧରି ନାଚିବାରେ।
ଆପଣାର ନଷ୍ଟ ବୟସକୁ
କେନ୍ଦ୍ରକରି ବାରମ୍ବାର
ସ୍ୱପ୍ନପରି ଘୂରିବାରେ।
ତିଳେ ହେଲେ ଶାନ୍ତହୁଅ
ଥିର ହୁଅ ହେ ବିନ୍ଦୁ, ହେ ଆକାଶ,
ହେ ରକ୍ତର ନୀଳ ହ୍ରଦ।
ମୁଁ ଭାଙ୍ଗିଦିଏ ସାମାନ୍ୟ ନିଷ୍ଠାର କାରିଗରୀ
ହାଡ଼ ଏବଂ ମାଂସର ପୃଥିବୀ!!

■

(୧୯୭୩ ମାର୍ଚ୍ଚ ନବରବିରେ ପ୍ରକାଶିତ)

ନିରୁଦ୍ଦିଷ୍ଟ ବ୍ୟକ୍ତି ସମ୍ପର୍କରେ

କିଏ ଅଛ ଦାସଦାସୀ, ପରିବାରୀ ନିଅ ଲୋ ଖବର,
ରାଷ୍ଟ୍ରକର ନିଖୋଜ ଲୋକର ନାମ ଧାମ, ଗାଁ ଗଣ୍ଡା,
ସହର ଓ ଦେଶ-ଦେଶାନ୍ତର।।

କିଏ କହେ: ଶୁଣ ଶୁଣ ଆରେ ଘର ବାଲା,
ଏମିତି ଦାୟିତ୍ୱ ହୀନ: ଅସ୍ଥିରତା, ମୂଢ଼ତା ସୋହାଏ
ଅବିବେକୀ ମରଦଙ୍କୁ, ଏମିତି କାକୁସ୍ଥ ଭୀରୁତା ଓ
ତ୍ରସ୍ତତା ସୋହାଏ କେଉଁ ବଣ୍ୟ ରମଣୀକୁ, ଓ
ଏମିତି ନୁଖୁରା କଥା ଶୋଭା ପାଏ
ଗଜମୂର୍ଖ ଚଲଣା ଚୋରଙ୍କୁ।।
ତମେ ତ ହିସାବୀ ମଣିଷ ଓ ଧୀର ମତି ଅପାରଗ
ଗୁଆଁର ମୁରବି ନୁହଁ, ସ୍ଥିର କର ମନ ଏବଂ
ପାପ ଫଳ ଧୁଆ ସଂଦେହୀ ଚିତ୍ତକୁ
ଘେନା କର ଏ ଅଧମ ଲୋକର ଗୁହାରି
ହଜିଲା ଲୋକର ଚିହ୍ନ, ବର୍ଣ ଏବଂ ନିର୍ଭୁଲ ଠିକଣା
ଛପିଚି ତୁମରି ରକ୍ତ ନଈର ମୁହାଁଣେ।
ତୁମରି ବ୍ୟକ୍ତିତ୍ୱ ଖୁଣ୍ଟେ ବନ୍ଧା ସେଇ ବ୍ୟକ୍ତି
ତୁମେଇ ତାଆରି କେନ୍ଦ୍ର, ତୁମେ ତା'ର
ବିମଳିନ ଅପରାହ୍ଣ ଗୀତର କୀରତି।।

ମୁଁ ଅବାକ୍ ବିସ୍ମୟରେ ଚାହିଁ ଚଉଦିଗେ
ଦାସୀ ପରିବାରି ହକାରି କହଲି
ମୁଁ ତ ନୁହେଁ ଜେଲଖାନା, ପୋଲିସର ଘେର
ନୁହେଁ ନୁହେଁ ଦାରୋଗା ଓ ଥାନା ଅଫିସର।
ନୁହିଁଇ ମୁଁ ଦରିଆର ଗୁପ୍ତ ଚାବିକାଠି
କେମିତି କରିଲି ତାକୁ ମୋ ରକ୍ତରେ, ମୋ ଚିନ୍ତାର

ବନ୍ଧନେ ଆକଟ ଓ କେଉଁପରି ଏତେ ବଡ଼
ଡେଙ୍ଗା ମଣିଷକୁ, ଜୋରଦାର ବୁଲା ଫକୀରକୁ

ବାନ୍ଧିଲି ମୁଁ ମୋ ସ୍ୱପ୍ନର ରେଶମୀ ସୂତାରେ ?
ଅସମ୍ଭବ କଥା କେଡ଼େ ? ସୋରିଷ ଭିତରେ
ପାହାଡ଼ କି ଲୁଚିପାରେ ଯାକିଯୁକି ନିର୍ଘାତ ଚେହେରା ଓ
ତୁମେ ମୋର କଥାମାନି ଥାନାରେ ଚଞ୍ଚଳ
ଦିଅ ଦିଅ ହଜିଥିବା ଲୋକର ଏତଲା ।।

ସମସ୍ତିଙ୍କୁ ଚମକାଇ ଝଡ଼ ଭଳି ଅଚାନକ ଆସି
ଆଉ ଜଣେ ପ୍ରବେଶିଲା ଏବଂ କହିଲା: ହଜୁର,
ତୁମେ ଯାକୁ ଖୋଜୁଅଛ ଦେଖିଚି ତାହାକୁ
ଗତକାଲି ଦିନ ବାରଟାରେ-ଏକ ଝଙ୍କା ବରଗଛ ଡାଳେ
ବସି ସିଏ ବଂଶୀ ଫୁଙ୍କୁଥିଲା, ଓ
କଦବା କେମିତି କେହି ସେହିବାଟେ ଗଲେ
କହୁଥିଲା-ଭାଇ ହୋ, ମୁଁ କ'ଣ ପାଗଳ ଭଳି,
ବଂଶୀ ବଜାଉଚି ? ମୁଁ କ'ଣ ଏ ସାରା ଗୋଲୋକ ଧାମ
ଇନ୍ଦୁଡ଼ି ଶାଳରୁ ସିଧା ସିଧା ଏଠିକି ଆସିଚି ? ଓ
ମୁଁ କ'ଣ ସମୁଦ୍ରର ବଳକା ଢେଉରୁ ଛିଟ୍‌କି
କୁଢ଼ କୁଢ଼ ଅନ୍ଧାରର ପାହାଡ଼ ପହଁରି
ଏଇ ଝଙ୍କା ଗଛକୁ ମୋ ସାଥୀ ବାଛିଅଛି ?
ଭାଇ ହୋ, ତମେ ତ ଏମିତି କିଆଁ, କରୁଣ ଦିଶୁଚ ?
ମୁହଁ ଗାଲ ଶୁଖିଯାଇଅଛି । ଆଖି ତୁମ କ୍ଲାନ୍ତି ଏବଂ
ଜଞ୍ଜାଳର କରାଟ ଭିତରେ ମିଟି ମିଟି ମୋତେଇଁ ଚାହୁଁଛି ।
ତୁମେ କ'ଣ ଖୋଜୁଛ କି ମୋତେ ? ତୁମେ କ'ଣ
କାହାରି ଆଦେଶ ଏ ନିଖୋଜ ଲୋକଟିକୁ ଖୋଜୁଚ ବାଟୋଇ ?

ମୁଁ ତ କେବେ କାହାରିକୁ ଠକି ନାଇଁ । କାହାରିକୁ
ଖଚମିଛ କରି ଘାବୁରାଇ ନାଇଁ ବା କାହାରି ମନରେ

ଦେଇ ନାଇଁ କାଣିଚାଏ ଏ ଦୁଃଖର ପାହାଡ଼ ନଦୀ, ତେବେ
କ'ଣ ତୁମେ ମୋର ବନ୍ଧୁ ହବ, ହବ ମୋର ଉତ୍ତରାଧିକାରୀ ?
ଏବଂ ବଂଶୀ ବଜାଇବ ସାରା ଦିନ ସାରା ରାତି
ଜୀଇଁଥିବା ଯାଏ । ଅସନା, ଅରମା ରାସ୍ତା, ଗଳିକନ୍ଦି
ଖାଦାନାରେ ବୁଲି, ସବୁ ନଗ୍ର, ପୁର, ଅନ୍ତପୁର ଓ
ଦୁରାରୋଗ୍ୟ ବ୍ୟାଧି, ଦେବାଳିଆ କରୁଣ ଢମରେ ଓ
କୁଟାଖିଏ ଆଶ୍ରିଥିବା ଲୋକର ଛାତିରେ
ବସି ତୁମେ ବଜାଇବ ବଂଶୀ । ଏହା ମୋର ଶ୍ରୁତିର ସମ୍ବଳ
ପ୍ରାଣର ନୂପୁର ଓ ଢେଉ ରଙ୍ଗ ସଞ୍ଚର ମାଜଣା,
ତୁମକୁ ମୁଁ ସଅଁପୁଚି, ହେ ବାଟୋଇ, ନିଅ ନିଅ,
ଯାଉଚ କୁଆଡ଼େ ? ଏମିତି କାନ୍ଦୁଚ କିଆଁ ?
ନିରିମାଖି ଭଳି, ଅଧାପେଟା ମଜୁରିଆ ଭଳି ।
ଏମିତି ଡରୁଚ କିଆଁ ? ତୁଠର ଚହଲା ଶବ୍ଦେ
ତରଛିଲା ମାଛ ଭଳି ଓ ବିଂଛାଡ଼ି ବିଂଛୁଡ଼ି ଦେଇ

ତମ ଝୁଲା ମୁଣି-
ଏଡ଼େ ବେଗି ଧାଉଁଅଛ ! ନିଛାଟିଆ ଖରାବେଳ,
ଡହ ଡହ ଝାଞ୍ଜିର ରାଜୁତି । ଚାରିଆଡ଼େ ଡହଳ ବିକଳ ।
ଶୋଷରେ ଶୁଖୁଚି ତଣ୍ଟି, ଜିଭ ହୁଏ କଲିଜାର ଅଠା,
ତୁମେ ଥରେ ବସି ପଡ଼ି ସକାଳର ପ୍ରାର୍ଥନା ସଭାରେ
ଯେଉଁମିତି ବୁଢ଼ା ବୁଢ଼ା ଲୋକ ସବୁ ନିଇତି ବସନ୍ତି,
ଓ ମୁଁ ଆଜି ସଅଁପି ଦିଏ ମୋର ପଞ୍ଜରା ହାଡ଼ରେ ତିଆରି
ବଇଁଶୀ ଖଣ୍ଡକ ତୁମରି ହାତରେ
ଏଭଳି ଅଜବ କଥା ଶୁଣିଲା ଉତ୍ତାରେ
ବହୁତ ଛାନିଆ ହେଲି, ଖୁବ୍ ତରବରେ
ତୁମ ଆଡ଼େ ମୁହାଁଇଲି ଏକା ନିଶ୍ୱାସକେ ଓ
ଠିକେ ଠିକେ ତୁମକୁ ସମ୍ବାଦ ଦେଲି ନିଖୋଜ ଲୋକର
ତୁମକୁ ମୁଁ ଘେନାକଲି ଅନୁଗତ ବିଶ୍ୱସ୍ତ ଚାକର ।।

ଏବେ ମୋର ଚେତା ହେଲା ? ବୋଧେ ହେଲା ନାଇଁ
ନିଜ ଶେଥା ପାପୁଲିର ରେଖାକୁ ମଜାଇ,
ଝାଳୁଆ ମୁହଁକୁ ପୋଛି ଆଶ୍ୱସ୍ତିର ରଙ୍ଗିନ୍ ଛିଟରେ
ଅର୍ଥହୀନ ତଲାସର ଘର ବନ୍ଦ କରି
ଖୋଲା ଏକ ଆକାଶର ନୀଳ ଆଇନାରେ
ଦେଖିଲି ଛବିଟେ ଝୁଲେ ନିଖୋଜ ଲୋକର
ଦେଖିଲି ଗଜୁରା ଘାସ ଚଟାଣ ଉପରେ
ଇତସ୍ତତଃ ବିଛୁଡ଼ି ପଡ଼ିଚି ତା'ର ଛିନ୍ନ ଝୁଲାମୁଣି,
କଅଁଳ ପତର ଦେହେ ଝଟକୁଚି ତା'ର ରଂଗ
ବଇଁଶୀର ସ୍ୱର ଚହଲୁଚି ଝରଣାର ମୁକୁଳା ଛାତିରେ ଓ
ମୋରି ଛାଇରେ ନାଚେ ତାର ଡେଙ୍ଗା ଚେହେରାର ଛାଇ,
ମୋରି ନିବୁଜ ମନ ଅନ୍ଧାରୀ ଘରରେ
ଅଳନ୍ଧୁର କନ୍ଥା ପାରି ମୁହଁ ମାଡ଼ି ଶୋଇଅଛି
ତାଆରି କିଞ୍ଚିତ୍ ହସ, ଆଉଟିବା ଦୁଧର ବାସନା !
ଓ ମୋରି କୋଳପୁଅ ଗଜୁରା ଦାନ୍ତରେ
ସେ ଲୋକର ଲମ୍ବ ଲମ୍ବ ଦାନ୍ତସବୁ ତାଜା ଦିଶୁଅଛି ।
ଅସଂଖ୍ୟ ପ୍ରକାର ମୁକୁଟ ସିଏ ପିନ୍ଧିଅଛି
ଓ କୃଷ୍ଣଚୂଡ଼ା ଫୁଲ ଖୋସି ଖୋସାଣିର ଚାରିପଟେ
ନିର୍ଦ୍ଧୁମ ନଙ୍ଗଳା ହୋଇ....... ନାଚୁଚି ସେ
ସାତ ତାଳ ପଙ୍କର ପୀଢ଼ରେ !!

ତଥାପି ଏ ଚିହ୍ନା ନୋକ ଅଚିହ୍ନା ପରିକା
ଜଣାଯାଏ କେଉଁପରି ? କେଉଁପରି ଦିଗନ୍ତ କାନ୍ଥରେ
ଆପଣାକୁ ଆଉଜାଇ ବଂଶୀ ଫୁଙ୍କେ ଖିଆଲି ଲୋକଟା ?
ଓ କେଉଁପରି ଅନର୍ଗଳ ଗାଇଯାଏ ଏଣୁ ତେଣୁ
ରାସ୍ତା କଡ଼ ବାଟୋଇକୁ ଜବରଦସ୍ତ ଠିଆ କରି ।
ଦିନ ବାରଟାରେ ? ଓ କେଉଁପରି ମୋ ଭିତରେ
ନାଚି କୁଦି ହୁଲସ୍ଥୁଲ କରେ ମୋର ଚଳଂତି ସ୍ଥିତିକୁ ।

ବର୍ତ୍ତମାନ ସମ୍ବାଦ ମିଳିଲା, ସେ ଶୋଇଚି
ଅଚେତ ନିଦରେ। ଶିମୂଳି ଗଛର ଡାଳେ।
ସପ୍ତଫେଣୀ ଚଦର ଘୋଡ଼ାଇ ବେକ ପରିଯନ୍ତେ। ଓ
ନାନାଜାତି ଫୁଲର ବିଂଚଣା ଧରି ହାତ୍ୱାକରେ
ପ୍ରୀତିର ଯୁବତୀ ଓ ସରୁ ସରୁ ଚୁମାର ଶବ୍ଦ ଶୁଭେ
ବର୍ତ୍ତମାନ ତା ପାରୁଶେ ଠିଆ ହୋଇ ଦିଏ କରତାଳି
ମୋ ସହିତେ ନଗ୍ରଜନେ, ଦାସୀ ପରିବାରୀ।।

■

ମୋ ମା' ପ୍ରତି

(୧)
ରାତିର ଉଦଗ୍ର ଡେଣା ଛିଡ଼ିବାର ଅନେକ ଆଗରୁ
ତୁ ମୋତେ ଉଝେଇ ଦେଲୁ ନିଆଁର ହ୍ରଦରେ ?
ଏକାନ୍ତ ନିର୍ମମ ହେଲୁ ? ମୋତେ ତୁ ସନ୍ତୁଳି ନାନା ପରକାରେ
କି ପୁଣ୍ୟ ଅର୍ଜିଲୁ କହ ? ତୁ ତ ମୋର ମା' ।।
ପବନ ନିଶ୍ଚଳ ହେଲା, ଆକାଶରୁ ବର୍ଷା ଗଲା ସରି,
ଶେଷ ହେଲା ଗାଁର ଆଖଡ଼ା ମା, ଶେଷ ହେଲା ମେଣ୍ଢାଘର ପୋଡ଼ା ।
ଆଉ କି ରହିଛି ବାକି ରାତି ରାତି ଉଜାଗର ରହି
ଆପଣାକୁ ବଜାଇବି କୁବୁଜି ଓ ମୃଦଙ୍ଗର ତାନେ !
ମାଆଲୋ, ଜଳୁଚି ଏ ଅଗ୍ନାଅଗ୍ନି ବନସ୍ତ ଓ ଜଳୁଚି ବଦ୍ରିକା ।
ଜଳୁଚି ସ୍ନେହର ସଳିତା ମୋ ଜୀବନର ଦୀପର ଗର୍ଭରେ ।

ଲୁହ ସବୁ ତୈଳ ହେଇ ପିଲିସଜ ଗୋଡ଼କୁ ଭିଜାଏ ମା,
ଭାଗବତ ପୃଷ୍ଠାକୁ ଭିଜାଏ ।।
ଏବେ ସବୁ ଚୁପ୍‌ଚାପ୍, ନିଶୂନ ଓ ନିସ୍ତବ୍ଧ ଆକାଶ
ଗୁମୁରିବା ବାହାନାରେ ବର୍ଷା ଝରେ ମିଛରେ କାହିଁକି ?
ଏବେ ସବୁ ଆତୁରତା ମୁହଁ ମାଡ଼ି ତୋଅରି ବାଟକୁ ଚାହିଁ
ମଥା କୋଡ଼େ କାଇଁ ପାଇଁ ଶୂନ୍ୟତାର ଫୁଙ୍ଗୁଳା ଛାତିରେ
ମାଆଲୋ ତୁ ଫୁଲ ହେଲୁ ଚନ୍ଦନ ବି ହେଲୁ-
ଓ ରକ୍ତର ନଈରେ କା'ର ହୁଲି ଡଙ୍ଗା ଭାସିବା ପୂର୍ବରୁ
ତୋଅରି ଲୁହରେ ମୋ ମଣିଷ ପଣିଆକୁ ଯତନେ ଗଢ଼ିଲୁ !!

(୨)
ବର୍ତ୍ତମାନ ମୁଁ ଅର୍ଥିତ, ଆଶା ଓ ଭରସାହୀନ । ଥଳକୂଳ ହୀନ ।
ଏକୋଟିଆ ନାଉରିଆ ଭଳି ଗାଏ ଗୀତ ଭଳି ଭଳି
ଓ ନିଛାଟିଆ ମୁହୂର୍ତ୍ତର ଚଂଚୁରେ ମୁଁ ମୁହଁ ଯାକି

ଶୋଷେ କିଛି ତୋହରି ସ୍ମୃତିର ରକ୍ତ। ଶୀତଳ ପବନ
ମାଆ ଲୋ ଆସୁଚି ବହି ସବୁତକ ବତୁରା ମମତା ନେଇ
କାଇଁ ପାଇଁ କହ? ମୁଁ ତ ତୋର ମୂର୍ଖ ପୁତ୍ର, ଅମଣିଷ କୋଳର କଳଙ୍କ
ମୁଁ ତ ତୋର ଯୁଗ ଯୁଗ ସାଧନାର ସ୍ନେହର ନଈରେ ଢେଉ
ଏକାନ୍ତ ଅବୋଲକରା। ଏକାନ୍ତ କରୁଣ।।
ମୋ ଭଳି ଅକିଞ୍ଚନ, ଅପଗଣ୍ଡ ସୃଷ୍ଟିର ଇଚ୍ଛାରେ
ମାଆ ଲୋ ତୁ ଓଷା ବ୍ରତ; ପୁନେଇଁ ଏକାଦଶୀ ପାଳି
ତୁଚ୍ଛାରେ ଜଳିଲୁ କିଆଁ? ମିଛ ଏ ସଂସାର ଲାଗି।
ଚୂନାକଲୁ ରକ୍ତ, ମାଂସ, ହାଡ଼।
ନିତିଦିନ ବୃନ୍ଦାବତୀ ଛାମୁରେ ବା ଗାଇଲୁ କି ଗୀତି?

ମୁଁ ତୋର ବାଇଆ ପିଲା, ସେ ଗୀତର ଅର୍ଥ କି ବୁଝିବି!
ତୋର ସେହି ଆଠମାସୀ ବାରକାଳୀ ଲୁହର ତପସ୍ୟା ଓ
ଶୁଖିଲା ଓଠର ଧାରେ ଝରୁଥିବା ସଫେଦ ଫୁଲକୁ ତୋଳି
କେଉଁପରି ଆପଣାର ରକ୍ତର ହ୍ରଦରେ ମା
ଅଦୃଶ୍ୟ ଲୋ! ମୁଁ ତୋଅରି ତ ପିଳେହିପେଟା ପିଲା!
ଯେ ପେଟରେ ମାରିଥିଲା ପିଠିରେ ବି ମାରିବାକୁ ଥିଲା
ଏଇକ୍ଷଣି ସଂଜବେଳେ କାନ୍ଦ କାନ୍ଦ ଲାଗେ, ଓ
ଭାରି ଇଚ୍ଛାହୁଏ ତୋର ମାଟିର ଦେହକୁ ଘାଣ୍ଟି
ଅଣ୍ଡାଳନ୍ତି ପିଲାଭଳି ତୋର ଶୁଖିଲା ଥନ ଏବଂ
ତୋଅରି ଆଖିରେ ଖୋଜି ଦେଖନ୍ତି ମୁଁ
ମଳା ଗଳା ଶ୍ରାବଣ ଓ କାଶତଣ୍ଡି ହସର ଲହର!
ମାଆ ଲୋ। ମୁଁ ତ ତୋଅରି ପୁତ୍ର, ତୋଅରି ରକ୍ତକୁ
ପିନ୍ଧାଇବି କାହାକୁ ମୁଁ? ମୋ ଛଡ଼ା ବା ଆପଣାର
କିଏ ଅଛି କହନି ତୁ? ଝିଅ, ଜୋଇଁ, ନାତି ଓ ନାତୁଣୀ
(ମୋ) ବାପା, ବୋହୂ, ଯା' ଶାଶୂ, ନଣନ୍ଦ ଓ ଦେଢ଼ଶୁର କହ
ଏମାନଙ୍କ ଭଳି କଣ ମୁଁ ତୋର?? କହନି ଲୋ ମା
ମୁଁ ତେବେ ଭିଡ଼ ଆଣେ ଦୁନିଆର ଲୋକନିନ୍ଦା, ଅପବାଦ, ହିଂସାର କଟୁରି।
ଓ ମୋ ଗଳାରେ ବସାଏ ମୁଁ- ଛକ୍, ଛକ୍, ଛକ୍!

(୩)

ମାଆ ଲୋ ତୋ ହାତ ସିଆଁ କନ୍ଥାର କାନିରେ
ଯାକିଯୁକି ମୋଅରି ନୁଖୁରା ମୁହଁ, ଜୁଲୁ ଜୁଲୁ ଆଖିର ବର୍ଷାରେ
ପୋଛୁ ତୁ ସକଳ ଦୁଃଖ ମୋ ସରାପୀ ବାପର ଦାଉରୁ।।
ଧନ୍ୟ ତୋର ବାପ ମା, ଧନ୍ୟ ତୋର ପୁଣ୍ୟ ଓ ପ୍ରାର୍ଥନା।
ମୋତେ ଯାହା ଠେଲି ଦେଲୁ ବାଘର ଭୋକିଲା ମୁହେଁ?
ଆପଣାକୁ ନିବର୍ତାଇ କୂଳଖିଆ ନଈର ମୁହଁରୁ!!
ମାଆ ଲୋ ଦୂରନ୍ତ ସମୟ ଆଜି ଡୋଳା କାଢ଼ି ଡରାଉଚି ମୋତେ
ସଞ୍ଚିତ ଦଣ୍ଡର ଚୂଡ଼ା ଭାଙ୍ଗିପଡ଼େ ଚଢ଼େଇଙ୍କ ଡେଣା ବାଜି
କିପରି କହନି? ତୋଲାଗି ମୁଠି ଶାଗ କାନଶିରି ନେଉଚିଆ ମନ୍ଦା।
ଗୋଡ଼େ ଗୋଡ଼େ ଜଗିଚି ମୁଁ ଗାଁର ଓଲିଆ ଗାଈ ମୁହଁରୁ ବଞ୍ଚାଇ
ତୋ ଲାଗି ପଖାଳ କଂସାଏ ବାଢ଼ି ଚାହିଁ ରହେ ଥମିଲା ଆଖିରେ
ଭୋବୁଅ ଖରାର ହାଡ଼େ ମୋ ଉଦାସ ଦୃଷ୍ଟିକୁ ପକେଇ।
ମୁଁ ପରା ତୋଅରି ମାଳ ହସ ଖୁସି ଭାବ ଅଭାବର।
ମୁଁ ପରା ତୋଅରି ଛନ୍ଦ ଛନ୍ଦମୟୀ ଜୀବନ-ଆତ୍ମାର।।
ମୁଁ ପରା ମାଆ ଲୋ ତୋର ବେଦନାର ପ୍ରତିଶ୍ରୁତି-
ବିଲ ମାରି, ଘାସ, ଲଟା, ଜଳନ୍ତା ବତିର ପ୍ରୀତି, କୋଟିକମ ଦାଣ୍ଡ ଚଉଁରାର।।
ମାଆ ଲୋ ମୁଁ ତୋଅରି ପଞ୍ଜରା ହାଡ଼େ
ତିଆରିଚି ଶେଯ ଏବଂ ଘୁରୁଅଛି ଯାଯାବର ଯୋଗୀ ଭଳି
ଝୁଲାମୁଣି ତିଆରି ମୁଁ ହାତସିଆଁ କନ୍ଥା ଏବଂ ଦୁଃଖର ଚଦରେ
ଯାହା ମୋତେ ଜଣାଯାଏ ଶୁଖିଲା ପତ୍ରର ଶବ୍ଦ
ପହଁରିଲା ପରି ଗାଁ ପୋଖରୀର ଜଳ ତରଙ୍ଗରେ।।

(୪)

ମାଆ ମୋର ଦୂରୁହରୁ ଶ୍ରାବଣର ଭିଜା ଛାତି। ସବୁଜ ଘାସର
ପ୍ରସ୍ଥ ପ୍ରସ୍ଥ ଆଶାର ପାଖୁଡ଼ା। ମୁଁ ତୋର ଫଳବତୀ ସପନ। ଓ
ସଂଚିତ ପୁଣ୍ୟର ପ୍ରୀତି ଭଂଗା ଆମ କୁଟୀର ଦେଉଳେ
ଶରତର ଜହ୍ନପରି ଝରିପଡ଼େ ଅକାରଣେ, କନିଅର, କଦମ୍ବ ଓ
ବଣର ମାଳତୀ ପରି, ମାଆ ଲୋ ମୁଁ ଅଝଟିଆ ବଡ଼ ଦୁଷ୍ଟ ପିଲା।

ମୋତେ ପୁଣି କାଇଁ ପାଇଁ ଦେଖାଉଛୁ ଲହୁଣୀ ପସରା ?
ମାଆ ଲୋ ମୁଁ ଆପଣାକୁ ଜିମା କରି, ପରଖିବି କାହାକୁ କହତ
କାହା ଆଗେ କରିବି ନୃତ୍ୟ ରଜା ବେଶେ ନିଜକୁ ସଜାଇ ?
କାହାର ପଣତେ ଢାଙ୍କି ଆପଣାର କରୁଣାର ଶାଳଗ୍ରାମ
ମୁଠା ମୁଠା ସ୍ନେହ ମାଗି ଗଡ଼ିବି ମୁଁ ଆଣ୍ଠୁଏ ଧୂଳିରେ ?
କହନି ଲୋ ମାଆ ମୋର, ଭସାଣିଆ ଭୀତିର ଆତଙ୍କ
କାହା ଆଗେ ଅଜାଡ଼ିବି ? ସରୁ ସରୁ ସୂରୁଜର ଛଟା
ମୋତେ ତ ଅବଶ କରେ ଫିଗି ମୋର ଜଡ଼ତାର ବେଶ ।
ମୋତେ ତ କାନ୍ଥରେ ଟାଙ୍ଗେ ରାମକୃଷ୍ଣ ମୂର୍ତ୍ତିପରି, ଦୀର୍ଘ ଯନ୍ତ୍ରଣାରେ
ମିଆଦି ମାଗିବା ଆଗୁଁ ମାଆ ମୋର ମାଡ଼ିଆସେ ଅନ୍ଧାର ନହଡ଼ି,
ମୁଁ ତେଣୁ ଛୋଟ ଛୋଟ ଢେଉର ବଣ୍ଡରେ ହଜେ
କେବଳ ତୋଅରି ପାଇଁ ବିଶ୍ୱାସର ଅନୁରକ୍ତ ଲୁହର ଦୟାରୁ !
ମୁଁ ତେଣୁ ଛୋଟ ଛୋଟ ରଙ୍ଗିଣୀ ପୋକର ଦେହେ ।
ଖୋଜେ ତୋତେ ଓ ତୋଅରି ରକ୍ତର ଗାଧୁଆ ତୁଠ...
ଯାହା ଦିଏ ଅପ୍ରକାଶ୍ୟ ସ୍ନିଗ୍ଧତାର ମୁକ୍ତ ଉଚ୍ଚାରଣ,
ଯାହା ଲେଖେ ଅଜ୍ଞାତରେ ମୋଅରି ଛାତିରେ
ଜୀବନଠୁଁ ମହାସତ୍ୟ ନିଭୃତ ମରଣ, ଓ ଏଭଳି ମରଣଠାରୁ
ଆଉରି ପରମ ସତ୍ୟ ଲୁହର ତପସ୍ୟା, ଯାହା ପୁଣି ଲୋଟାଏ ମା
ତୋଅରି ଗାଁର ପଙ୍କେ, ବିଲବାଡ଼ି ଭଇଁଚର ବଣେ,
ଧାଡ଼ି ଧାଡ଼ି ନଡ଼ିଆ ଗଛର ଛାଇ ମାଆ ଲୋ ତୋଅରି ପାଇଁ
କି ଯତନେ ଶରଧାର ଖଣ୍ଡୁଆଟି ବୁଣେ ।
ମୁଁ ପରା ଅପଗଣ୍ଡ, ମୂର୍ଖ ତ ହଳିଆ ପିଲା !
କି ବୁଝିବି ତୋଅରି ସମୁଦ୍ର ମାୟା । କି ବୁଝିବି ମାଆର କଷଣ ?
ମୁଁ ଏବେ ଟୁକୁରା ସୁନା ଜଳି ପୋଡ଼ି ତୋ ଆଖି ନିଆଁରେ
ଝଟକୁଚି ମାଆଲୋ ମୁଁ ବୁଡ଼ନ୍ତା ସୂର୍ଯ୍ୟଟା ପରି
ବିକି ଭାଙ୍ଗି ତୋ ଲୁହର ସମ୍ପତ୍ତି ମୁଁ ବଜାର ହାଟରେ ।

(୫)

ଆଉ ତେବେ ମୁକ୍ତି କାଇଁ? ସମୁଦ୍ର ଓ ବାଲିର ଝଡ଼ରୁ
ଏଇ ତ ଫେରୁଚି ମୁଁ ରିକ୍‌ସାବାଲା ସରାପୀ ମେଳରୁ।
ଓ ସୋଲି ବିଡ଼ି ପିଇ ପିଇ ଓଠ ମୋର ପଡ଼ିଲାଣି କଳା।
ଧନ୍ୟ ମୁଁ କୁମର ତୋର ତୋହରି ଲୁହରେ ଧୋଇ
ଆପଣାକୁ ଡିନ୍ତାଉଚି ଗୁରୁବାର ଓଷାର ପ୍ରାର୍ଥନା।
ମାଆ ଲୋ! ତୁ ପରା ଭିଜାଇ ଥିଲୁ ଗାଁ ଦାଣ୍ଡ ହସରେ ଉତୁରି
ମୋଅରି ଜନମ ଦିନ? କେଉଁ ଗଲା ହଜିଲାର ପୁରୁଣା କାହାଣୀ।
ଏବେ ମୁଁ କଉଡ଼ି ଗଣେ ଜୁଆ ଖେଳେ। ରୂପଜୀବୀ ମେଳେ
ଭଙ୍ଗାଏ ତୋଅରି ପୁଣ୍ୟ? ମଜ୍‌ଦୁର୍, ଭୋକୀ, ଶୋଷୀ, ବଂଚିତର ମନେ
ତୋଅରି ଲୁହର ଛବି ଦେଖି ମୁଁ ଗଢୁଛି ଏକ ନିଷ୍କପଟ ପ୍ରୀତିର ନଅର
ମାଆ ଲୋ ତୁ ଝିଂଗାସିବୁ ମନଇଚ୍ଛା। କାନମୋଡ଼ି ଚୁମ୍ବନ ବି ଦେବୁ
ଦେଖି ଏଇ ବିପରୀତ ରୀତିର କୁମରମଣି ମହିମା ଅପାର!!
ଯାହା ଭାବ! ଯେଉଁ ଶାସ୍ତି ଦେବୁ ଦେ। ମୁଁ ତ ତୋର ଅନ୍ତବୁଜୁଳୀକୁ
ଭିଣି ଭିଣି ମନଇଚ୍ଛା ନଖରେ ବିଦାରି ଓ
ମୁଁ ତ ତୋର ଲୁହର ତପସ୍ୟା ଓ ବୃନ୍ଦାବତୀ ଦୀପର ଶିଖାରୁ
ଏ ପୃଥ୍ୱୀକୁ ଆସିବାର ସ୍ୱପ୍ନ ଦେଖିଅଛି। ଏବଂ
ତୋଅରି ସବୁଜ ଆଶା ଜୁଆରର ସୀମା ଲଂଘି
ମୁଁ କାନ୍ଦିବା ଅନେକ ଆଗରୁ ତୋ ଓଠରେ ହସ ଫୁଟାଇ!!
ମାଆ ଲୋ ମୁଁ କେଉଁମତି ବୁଝାଇବି
ଏ ନଙ୍ଗଳା ଟୋକାର ଖିଆଲ? ଓ ଘୁଣଖିଆ କଳିଜାର
ଜଳନ୍ତା ନିଆଁର ତେଜ ମାଗେ ତୋର ସ୍ନେହର ଅସଂଖ୍ୟ ହାତ-
ସ୍ପର୍ଶ ମାଆ। ମୁଁ, କ'ଣ ଖୁନ୍ କରିବି କି? ଓ ମୁଁ କ'ଣ
ଜାଳିବି ମିଛର ବଣ? ଜଳାଇବି କଷଣର ମଜବୁତ୍ ଲୁହାର ଖିଲାଣ?
ମାଆ ଲୋ ମୁଁ ଏଇନେ ଫେରୁଚି ପିଇ ସରାପ। ଓ
ସେଥିପାଇଁ ତୁ ବୋଧେ ନିଷ୍କରୁଣ ହେଲୁ ଏବଂ
ପେଲି ଦେଲୁ ରକ୍ତର ସମୁଦ୍ରେ ମାଆ ନିଆଁର ହ୍ରଦକୁ??

■

ସନ୍ନ୍ୟାସ

କି ଘର କି ଦ୍ୱାର
କି ପୁଅ ଝିଅର ସଂସାର।
କୁନି କୁନି ପ୍ରଜାପତି, ସତ ଏବଂ ମିଛର ବଜାର
ହର ରଙ୍ଗୀ କପଡ଼ାର ଆକର୍ଷଣ, ଲୋଭନୀୟ
ପ୍ରବୃତ୍ତିର ଫେଣ୍ଟାଫେଣ୍ଟି, ପଥହୀନ ପଥର ଅନ୍ଧାର
ଛାଇ ଘେରା ପତଳା ନିଦର ସବୁଜ ଘାସର କ୍ଷେତ,
ଅଧାଜଳା ଇଚ୍ଛାର ଚୁରୁଟ। ଏଣେ ତେଣେ
ଖୁଜୁ ବୁଜୁ ଛୋଟ ହାତର ମେଲାଣି।
କି ଘର କି ଦ୍ୱାର
କି ପୁଅ ଝିଅର ସଂସାର।
ଛୋଟ ବଡ଼ ସ୍ନେହର ଫୁଟନ୍ତା କଢ଼,
କି ରକ୍ତ ହୀନ ମଲ୍ଲୀ, ବଣର ମନ୍ଦାର।।

କି କଥା କି ଭାଷା, କି ହସ କାନ୍ଦର ଆକାଶ।
କି ଝାପ୍‌ସା କି ସଫା ମୁହୂର୍ତ୍ତର ରୂପା ଫୁଲୀ
ବର୍ଣ୍ଣିଳ ସଂଜର। ଧୂପ ଦୀପ ଚନ୍ଦନ ବା
ମୁଠା ମୁଠା ଲୁହ ଶାମୁକାର। କି ଧନ କି ଜନ
କିବା ଅର୍ଥ ଧୂମଳ ଯାତ୍ରାର। ମନେ ହୁଏ
ଶବ୍ଦହୀନ ନଈ ଏବଂ କାନ୍ଦହୀନ ଦୁଃଖ ଝରିବାର।
କି ଘର କି ଦ୍ୱାର
କି ପୁଅ ଝିଅର ସଂସାର।
ମାତ୍ର ଏକ ଛଟପଟ ଲୋଭୀ ପତଙ୍ଗର
ଆତୁରତା, ସଫେଦ ଅନ୍ଧାର।।
କି ଗଛ କି ବୃକ୍ଷ
କି ଲତା କିସ ବା ବିଲତା,
ପୋକ ମାଛି ପରି ବ୍ୟସ୍ତ ଚଳମାନ ସମୟ ଚିଠା।

କି ସାନ, କି ବଡ଼ କି ମଧ୍ୟ ଗେଡ଼ା ସଂଭ୍ରମତା,
କି ନଈ କି ନାଳ ରକ୍ତମୟ ଜଳର ଶଠତା-
ଧାରେ ହସ ଗାରେ ଲୁହ ଗୃହୀ ଅବା ଅଘରୀର ହସ
କି ଘର କି ଦ୍ୱାର କି ହାଡ଼ କି ମାଂସ
ଜ୍ୱଳମାନ ମୁଠାଏ ପାଉଁଶ ।।

ପ୍ରିୟା, ପ୍ରୀତି ଢମପଣ,
ପାଟି ତୁଣ୍ଡ, ଖସଡ଼ା ତୁଠର
ଯେତେ ଯାହା ଅଚାନକ, ସୁନାର କଳସ
ଢାଳିଦିଏ ରଙ୍ଗହୀନ ବେରଙ୍ଗୀ ଦିନର
କି ଶତ୍ରୁ, ମିତ୍ର କିବା ଅହଙ୍କାର
ମିଶିଯାଏ ଦେହେ ଦାହ
ଦାହ ବା ଦେହର ।।

କି ମିଛ କି ସତ ଗୁଜବର ହଟ୍‌ଟ ଗୋଳ
ବର୍ଷାଭିଜା ହେମାଳ ହାୱାର
ଅର୍ଥହୀନ ଅନର୍ଥର ଶୋକ ଶୋଭା
ସାଜ ସଜ୍ଜା
ଦୋକାନ ବଜାର !

କି ଘର କି ଦ୍ୱାର
ରକ୍ତ କରେ ରକ୍ତର ଆହାର
ଛକ୍ ଛକ୍ ଛୁରୀର ଲାଳୁଆ ଜିଭ
ମାନ କିବା ଅଭିମାନ
ହସ ଏବଂ କାନ୍ଦର ନଅର ।।

ଦିଅାଲର କାରୁକାର୍ଯ୍ୟ, ମୋତି ମାଣିକ୍ୟର ସ୍ତମ୍ଭ
ରାଣୀହଂସପୁର
ଉଇଖିଆ ଫଟୋ ଫ୍ରେମ୍

ମଠା, ଉଲ୍ ସୁନାଖିଲ ଦାନ୍ତ କିବା
ଗଜଦନ୍ତ ପଲଙ୍କର
ପେନ୍ଥା ପେନ୍ଥା ସ୍ୱପ୍ନର ଅନ୍ଧାର,

କି ଭୋକୀ, କି ଶୋଷୀ କି ରାତି ରିକ୍‌ସା ଚାଳକର
ଭୁରୁ ଭୁରୁ ଗଂଧ ଭରା କି ଜଳ କି ସ୍ଥଳ
କି ଆକାଶ ମାଟିର ବଖରା। କି ସୂର୍ଯ୍ୟ କି ଚନ୍ଦ୍ର
କି ଧନୀ କି ସର୍ବହରା
ପୂଜ ରକ୍ତ ପିଆ ହସ,
ମ୍ରିୟମାଣ ଚେତନାର ଖରା।।

କି ସ୍ଥାନ କି କାଳ ପାତ୍ର ଅବା ଅପାତ୍ର ବିଚାର
କି ପାପ କି ପୁଣ୍ୟ ଲାଭ ଲାଭ, କ୍ଷୟ କ୍ଷତି
ଶେଷ ବୟସର। ଧନଧାନ୍ୟ ଗୋପଲକ୍ଷ୍ମୀ
ଅହିଅ ସିଂହ ଦ୍ୱାର। ନିଜେ ଅଛି ନିଜ ଛଡ଼ା
କିଏ ଅଛି ରକ୍ତ ପରି
ଏତେ ଆପଣାର।।

ଭାଙ୍ଗି ଦିଅ ମିନାକରା କୋଠରୀର ଆଭିଜାତ୍ୟ
ଜାଳିଦିଅ ଦେହ ଏବଂ ରକ୍ତର ହେଷ୍ଟାଳ
ଫିଙ୍ଗିଦିଅ ମଣି ମୁକ୍ତା ଧୂପଦୀପ ଚନ୍ଦନ କାଠର
ଅପୂର୍ବ ବାସ୍ନାର ମତ ସମୟ ଗର୍ଭକୁ,
ପିଇଯାଅ ଦେଶୀ ବା ବିଦେଶୀ ସୁରା
ପେଶି ପାଶି ରକ୍ତର ହାଡ଼କୁ।
କି ଘର କି ଦ୍ୱାର
କି ପୁଅ ଝିଅର ସଂସାର,
ନିଜପରି ଛତ୍ରପତି କିଏ ଅଛି ?
ଦୁଃଖ ଏବଂ ସୁଖର ଉର୍ଦ୍ଧ୍ୱର।

■

ସକାଳ, ସଂଜ ଓ ଦ୍ୱିପ୍ରହର

(୧)

ସଜ ମୁହଁ, ଧୋବ ଶାଢ଼ୀ, ହାଲୁକା ଫୁର୍ତ୍ତିର
ଓ ଶିରି ଶିରି ପବନର ଚପଳା ଆଖିରେ
ଅସଂଖ୍ୟ ପଦୁଅଁ ଫୁଟେ। ଟିକି ଟିକି କାକର ବୁନ୍ଦାରେ
ଆଖି ମଳେ ସୂର୍ଯ୍ୟ, ଏବଂ ହଗୁରା ପିଲାଟି କାନ୍ଦେ
ମୁଢ଼ିକୋରା, ଲଜେନ୍‌ସ୍ ଆଶାରେ।।
ବିଚାରୀ ମାଆର ପାଟ ଫାଟି ପଡ଼େ ହାତ ଥକେ
ଘର ଝମେଲାରେ। ମିଂଜି ମିଂଜି ସ୍ୱପ୍ନର ଅଳସ ଭାଙ୍ଗେ।
ଓ କାଗଜ ବିକାଳି ଡାକେ ନରହତ୍ୟା, ଜନାକାରୀ,
ଭୂଇଁ କମ୍ପ, ପୁରୁଷ ହୋଇଲା ନାରୀ, ନୌକା ବୁଡ଼ି
ଇତ୍ୟାଦି ଇତ୍ୟାଦି। ତା' ସାଥିରେ ଅଣ୍ଡାବାଲା,
ପରିବା ବିକାଳି ଓ ନିରୋଧ ଏଜେଣ୍ଟ,
ସିନେମାର ପ୍ରଚାର ଓ ବ୍ୟସ୍ତତାର ମୁହୂର୍ତ୍ତ ଗୁଡ଼ିକ
ଭିଡ଼ିମୋଡ଼ି ହୁଏ ଲକ୍ସ ଟଏଲେଟ୍ ହସର ବାମ୍ଫରେ।
କି ସୁନ୍ଦର ଏ ସକାଳ। କେରି କେରି ଆକାଶର ବେଣୀ।
ନୀଳ ଦୀଘି, ନୀଳମନ, ଓ ଲାଲେ ଲାଲ
ତରଭୁଜ ପ୍ରୀତିର କଅଁଳ ହାତ
ପାପୁଲିକୁ ଢାଙ୍କି ଦିଏ ଦୁଃଖର ମେଘକୁ।
ଗଛରେ ଗଛରେ ଝୁଲେ
    କାହାର ସ୍ନେହର ବେତ ? ପାହାଡ଼େ ପାହାଡ଼େ
    ନଈର ଖଞ୍ଜଣି ବାଜେ। ଖାଦାନ ଓ
ଚଟି ଘର, ମିଲ, ଜେଟି, ମୋଚିର ଦୋକାନେ
ସକାଳ ଚଞ୍ଚଳ ଏତେ। ନାନା ଜାତି ଫୁଲ, ପ୍ରଜାପତି
ମୁମୂର୍ଷୁ, ରୋଗୀର ଦେହେ ଡେଣା ଯାଏ ଘଷି।
    ସବୁ ବ୍ୟସ୍ତତା, ଶୂନ୍ୟତା ଓ କ୍ଲାନ୍ତି ଝୁଲାମୁଣି
ଭରିଯାଏ ଉଷୁମ ଦୁଧର ବାସନା। ଓ

ମିଶ୍ରି ପାଣି, ଚା, କଫି, ବାର୍ଲି ନବାତରେ,
ପେଜୁଆ ଭାତ, ପିଆଜ ଓ ପୋଡ଼ା ଶୁଖୁଆରେ
ବିଲର ଫସଲ ମାଗେ ଦାଆର ପରଶ।
ଏ କାଳ ନେଥି ନେଥି ଶ୍ୟାମଳ ଆଶାର
କି ସୁନ୍ଦର ଦରିଆକୁ ଡେଇଁବାର
ପୁଲକ କମ୍ପନ!!
ଜୀବନର ପୁଷ୍ଟ ହବ ଫଳିଲା ସ୍ନେହର
ପିଠିରେ ଘୋଷାରି ଯାଏ ଟ୍ରକ ସାଇକେଲ।
କାନପାତି ଦୋକାନୁ ଦୋକାନ ଘୂରେ
ରିଫ୍ୟୁଜି ଘରର ବଧୂ
ଯାକିଯୁକି ମନର ଯୌବନ, ଏବଂ
ଅଙ୍ଗଭଙ୍ଗୀ, ନାନାମତେ ଦେହର କାନ୍ଥରେ
ଲେଖି ଚିତ୍ର ବିଚିତ୍ରର ଛବି।
ରମଣୀଏ ଋତୁ ସ୍ନାନ ସଂକେତ ଦିଅନ୍ତି
ଏ ସକାଳ କପାଳରେ ରାମନନ୍ଦୀ ଚିତା
ଓ ଦେହରେ ଦେହରେ ଛୁଟେ
ଖଜୁରୀ ରସର ମହୁ। ଦେଉଳେ ଦେଉଳେ
ଘଣ୍ଟା ଘଣ୍ଟା ଧ୍ୱନି ଶୁଭେ। ସଠିକ ପ୍ରମାଣ
ପଞ୍ଜରା ଚେହେରା ଝଳେ ଜଳଗ୍ରୀବି ତୁଲ୍ୟ ଏ ସକାଳ,
ସଜ ମୁହଁ, ଧୋବଶାଢ଼ୀ, ହାଲୁକା ଫୁର୍ତିର
କି ସୁନ୍ଦର ରାତିର କଙ୍କାଳ।।

(୨)

ଅଫିସ୍ ଫେରନ୍ତା ସଂଜ
ମୁହେଁ ମୁହେଁ ଗ୍ଲାନି ଏବଂ ହାଲୁକା ହସର
ରୁମାଲ ଉଡ଼ାଏ। ମଲ୍ଲୀ ହାର, ନାନାଜାତି ଅତର ଓ
ଇସ୍ତ୍ରୀକରା ପଞ୍ଜାବୀ ଭାଙ୍ଗରେ
ସଂଜଟା ଗେଲ୍‌ହେଇ ହୁଏ। ବିଲୁଆ ଓ ସିନେମା ଗହଳି
ଭାଙ୍ଗିବା ଆଗୁ ଲାଲ ଘୋଡ଼ା ପିଠିରେ ଆସଇ ସଂଜ

ଛତିଆ ବଟର ବାବା କୁବୁଜି ମାଢ଼ରେ ।।
ବୈଧବାର ଆତୁରତା ଓ
ଘଣ୍ଟା ଘଣ୍ଟା ଠିଆ ହୋଇ ଘାଟେ ଗପିବାରେ
ପୋଡ଼ା ସଳିତାର ଗଂଧ ମନରେ ସଂଚରେ !
ଦରଭଙ୍ଗା କୋଠା ଏବଂ ଭଙ୍ଗା କାନ୍ଥ ଦେହକୁ ଜଡ଼ାଇ
ପିଠିଆଇ ଠିଆ ହୁଏ ମହଲଣ ସଂଜ ।
ଓ ବଗ୍ ପକଡ଼ିର ବାସ୍ନା ଭାସିଆସେ
ରୁଣୁ ଝୁଣୁ ଚୁଡ଼ି ଶବଦରେ ।
ହାଟେ ହାଟେ, ବାଟେ ଘାଟେ ଭିଡ଼ ଭାରି ।
ପରିବା ବିକାଳି, ମାଛ ବାଲା, କଣ୍ଟ୍ରୋଲ ଦୋକାନେ
ଅଧା ଛାଇ ଆଲୁଅର ଲୁହର ସ୍ୱାକ୍ଷର
ଝରି ଉଠେ ହନୁ ହାଡ଼େ, କପାଳର ଶିରା ଏବଂ
ଶେଥା ଦିହ ପଂଜରା ହାଡ଼ରେ ।।

ଢେଉ ରଙ୍ଗ ଇଚ୍ଛାକାର ? ଗେରୁଆ ବସ୍ତ୍ରର
ପୋଷାକ ପିନ୍ଧୁଚି ଧର୍ମ ! ଉଭାଏ ସବୁଜ ଗନ୍ଧ ।
ରକ୍ତର ଖେଳୁଚି ହୋରି, ମଥାରେ ମୋ ସୁନାର ମୁକୁଟ ।
ପଛେ ତା'ର ଧାବମାନ ଅସୁମାରି ଆତଙ୍କର ଥାଟ ।
ସୁନାଜରି କେରି କେରି, ଥିରି ଥିରି ପବନ ଓ
ବାହୁଡ଼ା ଚଢ଼େଇ ଗାଏ: ସମୁଦ୍ରର ପାଣି ହେଲା ଥିର,
ଜାହାଜ ନଙ୍ଗର ଟାଣେ, ହର ରଂଗୀ ସପନର ନାଲବତୀ
ଜଳି ଉଠେ । ଚା ଦୋକାନରେ
ଗସିପ୍ ଜମୁଚି କ୍ରମେ, ଚିଲମ ଓ ମହୁଲୀ ମଦର
ସୁରାକ ମିଳିବା ଆଗୁ ଟ୍ରକ୍ ହୁଏ ଛିଡ଼ା ।
ଆଖିରେ ଆଖିଏ ଲୋଭ
ବିକ୍ଷିବାର ରୁବାୟତ୍ । ଭାଙ୍ଗିବାର ଚକ ଆସେ ଘୂରି,
ବିଶ୍ରାମ ତମ୍ବୁ ତଳେ
ଦିକି ଦିକି ଜଳେ ଆଶା ନିରାଶାର ରୋଷିଣୀ,

ସିରିଅସ୍ ଛବି ଦେଖି ଫେରିବାର ମୁଡ୍
ପରି ଝଲେ ସରାପୀର ମୁହଁ। ଦୀର୍ଘ ଏ ଜୀବନର
ଦୁଃଖ, ଶୋକ, ଅବସାଦ ଓ ଫିସାଦିର ବୋଝ,
ବହି ଥମିଯାଏ ହଠାତ୍ ଏ ସଂଜ ନିଆଁ ଲିଭାକଳ।
ପିଲାଏ ପ୍ରାର୍ଥନା ରତ। ଆହେ ପ୍ରଭୁ, ମହାବାହୁ
ସଂଜର ମିଛକୁ ଫାଙ୍କି
ଏ ପୃଥ୍ୱୀ, ଏ ସହର, ଗଳି ମଫସଲ
ଫୁଲ, ଫଳ, ମଜୁରିଆ ଏକାକାର ହେଉ,
ସମସତା ମୂର୍ଖତା ଓ ଭଣ୍ଡାମୀକୁ
ପ୍ରାଣ ଭରି ଅନୁଭବ କରିବା ଉଭାରେ
ସଂଜ ଆଜି ଟିକଟ କାଟୁଚି
ଯାକି ଯୁକି ସଂଭ୍ରମତା, ଧୂସରତା ଓ
ଯାବତୀୟ ଭୟାନୁଭବରୁ।
ଏ ଘାଟୁ ନଉକା ଛୁଟେ।
ଆର ଘାଟେ ତରଙ୍ଗିତ କାଚଧାର ପାଣି।
ଆସ୍ତେ ଆସ୍ତେ ପ୍ରକୃତି ଛଡ଼ା
ଦେହ; ମନ, ପ୍ରାଣ ହେବାଠାରୁ।
ସଂଜ ଆସି ଠିଆ ହୁଏ ଟ୍ରାମ୍ ବାସ୍
ରିକିସା ଏବଂ ସାଇକେଲ୍, ଲୋକ ଗହଳିରୁ
ଆମ ଦାଣ୍ଡ ଚଉଁରାର ମୂଳେ।।

(୩)

ସବୁଠି ଜଳୁଚି ଖରା, ଜଳୁଚି ବୈଶାଖ
ନୀରବତା ବିରାଜୁଚି! ପ୍ରାନ୍ତର, କେଦାର
ଅଫିସ୍, କଲୋନୀ ଓ ଖାଦାନ୍ ରାସ୍ତାରେ
ଏତେ ତ ଗହଳି ନାଇଁ! ଧେଡ଼ି କୁତୀ
ରାସ୍ତାରେ ଗଡୁଚି ତାର ପେଟକୁ ଦେଖାଇ
ସମୁଦ୍ରର ଶାନ୍ତ ମୁହଁ, ଆନନ୍ଦ ଗଭୀର;
ଛୁଆଙ୍କର ମାଆ ସବୁ ରେଡ଼ିଓରୁ ଗୀତ ଶୁଣୁଛନ୍ତି।

ଖରାଜଳେ, ଜଳେ ଦୁଃଖ, ଅବସାଦ।
ଜଳୁଚି ସମୟ ଆଜି ତୋଫାନ ମୁହିଁ ପୁର୍ତିର ନାଚରେ।
ଚା, କପେ, ଚାରମିନାର ଧୂଆଁର ଗନ୍ଧରେ
ଖରାଟା ଦେଖୁଚି ମୁହିଁ। ପୁଷି ଛୁଆ
ସଜନା ଗଛର ଛାଇ ଲୋଡୁଛି ଏ କ୍ଷଣି।
କଉ ଓ ମାଗୁର ଶୁଏ ଛାଇ ଛାଇ ଦଳର ପେଟରେ,
ଦ୍ୱିପ୍ରହର ଜଳେ ପୁଣି ହସେ ବା କେମିତି ?

ଭାଙ୍ଗି ରୁଜି ଜୀର୍ଣତାର ସେତୁ,
ରକ୍ତରେ ରକ୍ତକୁ ଫେଣ୍ଟି
ଦ୍ୱିପ୍ରହର ନାଚେ ଏଇ ଖରାର ନାଚରେ
ଅର୍ଥହୀନ ହିସାବ ଓ ମପାଚୁପା
ଜୀବନର କାରୁଣ୍ୟକୁ ଗୋଇଠିରେ ଦଳି।
ନୀରବ ସହର, ଗାଁ ଗଳି ଓ ସମୁଦ୍ର।
ଉଦାସ ଉଦାସ ଦିଶେ ଗଛ ଲଟା,
କୋଠାବାଡ଼ି, ଗାଁର ପୋଖରୀ ଓ
କ୍ଷୀରବଣ ନଈର ବିସ୍ତୃତ ପଠା
ତଥାପି ତ ମନେହୁଏ-ଦୁଧିଆଳୀ ଗାଈ
ଛୁଆକୁ ସେନେହେ ଚାଟେ
ବୁଦି ବୁଦି ଘାସର କଅଁଳ ଦେହେ
ଦେହକୁ ଲୋଟାଇ, ଏ ସମସ୍ତ ନୀରବତା
ଜମାହୁଏ ରିକିସାବାଲା ଆଖିର ହ୍ରଦରେ,
ଓ ମିଛେ ମିଛେ ଇଚ୍ଛା ହୁଏ
ପ୍ରଜାପତି ଥକ୍କା ମାରି ବସିବାର ବେଳ।।
କୋଳାହଳ, ହୈ ଚୈ, ପାଟିତୁଣ୍ଡ
ଲିଭାଏ ଜଳନ୍ତା ବତୀ!(?)
ଅବିକଳ ବହିଯାଏ ଜଳାଏ ବି ସୁନ୍ଦର ସହର
ଲକ୍ଷ୍ୟହୀନ ଝରଣାର ଗତି।
ମଧ୍ୟାହ୍ନର ନୀରବତା

ଢୁଳାଉଚି କଲିକତୀ ନଭେଲ ପୃଷ୍ଠାରେ
ଓ କୁନି କୁନି ଚଢ଼େଇଙ୍କ ଡେଣାରେ ଡେଣାରେ
ମଧ୍ୟାହ୍ନ ସେକୁଚି ଦେହ,
ଜଳୁଚି ଖଜୁରୀ ବଣ, ବାଲିର ନଅର।
ଏତେ ତାତି, ଏତେ ଜ୍ୱାଳା ଓ
ଦିଗନ୍ତକୁ ଛୁଇଁଥିବା ନୀରବତା ଭଲ ଲାଗେ
ଭଲ ଲାଗେ ଖରାର ରାଜୁତି,
ତାଆର ଫୁଟନ୍ତା ରକ୍ତ, ଟେରିଲିନ୍ ଶାଢ଼ୀ କୁର୍ତାରେ
ମୁମୂର୍ଷୁ ନଈଟା ପରି ମୁହଁ ଯାକେ
ସଂଜର ପୁଣ୍ୟ ଓ ପାପ- ଭୟର ଖୋଖୁର
ଅବୋଧ ସକାଳ ଶୁଙ୍ଘେ, ଚାଟେ ଓ
ଆମୋଦରେ ଗେହ୍ଲା କରେ ଜଳନ୍ତା ଖରାକୁ
ନୂଆ କରି ପୋଖତୀର ସବିତ ଆଖିରେ।

■

ଗାର୍ହସ୍ଥ୍ୟ

ବିପରୀତ ଅହୋରାତ୍ର। ନତ ଜାନୁ
ପ୍ରାର୍ଥିତ ସକାଳ, ମୁହୂର୍ତ୍ତକି
ଉଚ୍ଚାରିତ ନାନାବାଦ୍ୟ ଗୀତ ?
ଏବଂ ଅବ୍ୟକ୍ତ ଜଞ୍ଜାଳ।।

ଚିତ୍ରର ପୃଥିବୀ ଏବଂ ଅଝାଲ ଜଙ୍ଗଲ
ମଣି ମୁକ୍ତା, ପ୍ରତୀକ୍ଷାରେ ନିତ୍ୟ।
ବର୍ଷାଝରା ରାତ୍ରି ଏବଂ ଉତ୍‌ଫଣୀ ନାଗୁଣୀ ଚକ୍ର,
ମଧୁକ୍ଷରା କ୍ରୀଡ଼ା, ସୂର୍ଯ୍ୟମୁଖୀ ନାଚର ବସନ୍ତ।
ଅହୋରାତ୍ର ବିପରୀତ,
ଧୂଳିଧୂମ ଭଉଁରୀ ଓ ଦିଗ ଅପହଞ୍ଚ।।

ଜ୍ୟାମିତିକ ରୂପର ଅନର୍ଥ
ଏବଂ ଅସହାୟ ଛନ୍ଦର ଆଷାଢ଼,
ଝଲମଲ ଇନ୍ଦ୍ରଧନୁ, ମୃତ୍ୟୁଇଁ କାକୁସ୍ଥ !

(୧)

ସ୍ନେହ, ପ୍ରେମ, ଘୃଣା ବା ବିଶ୍ୱାସ
ଉବୁଟୁବୁ। କ୍ରମାଗତ ବର୍ଷାହୀନ
ହନ୍ତସନ୍ତ, ସୂର୍ଯ୍ୟ ନିୟମିତ।
ଉର୍ବର ଓ ଅନୁର୍ବର କ୍ରୋଧର ଉଲ୍ଲାସ-
ମୁଁ କି ବୁଝେ ଅନିଶ୍ଚିତ ଆଲୁଅ
ଓ ଯାଦୁକର ଖେଳର କୁହୁକ,
ଭୟର ଆର୍ବତ ମୁଁ ତ ଅଙ୍କ
ଓଲ୍ଲୁ ଏବଂ ମଧ୍ୟାହ୍ନର ଖରା
ନାନାଜାତି ଫୁଲ ଫଳେ

ଭାରାକ୍ରାନ୍ତ କାନ୍ଧ,
ଢୋକେ ପିଇ ଦଣ୍ଡେ ଜୀଇ
ଗର୍ଜନର କରତାଳି ଫୁଲ ହାର,
ଚୁପ୍‌ଚାପ୍ ନିଷ୍କ୍ରମଣ, ସଭାଭଙ୍ଗ
କାନ୍ଦର ଅପେରା !!

(୨)
ଉବ୍‌କି ପଡ଼େ କ୍ଷୀର ଭାଣ୍ଡ,
ହାଡ଼ ଏବଂ ମାଂସର କେନ୍ଦରା
ଛନ୍ଦମୟ, ଛନ୍ଦହୀନ,
ସଲଜ୍ଜ ଆକାଶ !
କଅଁଳା ବାଛୁରୀ ପରି
ବେଗବାନ୍ ହସର ସ୍ଥିରତା,
ଧୂଆଳିଆ ଶୋକ ଏବଂ ରତୁମତୀ
ପୋଖରୀ ଘାଟ । ମନେହୁଏ
ଫାଶିଦିଆ ମଣିଷର
ରତିକ୍ଳାନ୍ତ ସମୟର ମୁହଁ ।
କି ପ୍ରେମମୟୀ ମାଟି, ମହୀୟସୀ ବଧୂ
କିବା ଆରତିର ଶେଷ ପର୍ବ
ଉଚ୍ଚାରିତ ପାଞ୍ଚୋଟି ଆମ୍ଭାର !

(୩)
ଦୁଃଖ ଏବଂ ଶୋକର ଉଦ୍ୟାନ,
ରହସ୍ୟର ରମଣୀୟା ନାରୀ,
କିବା ନିକ୍ଷୋପିତ ଖଡ଼୍‌ଗ ସମ୍ରାଟର
ହିପ୍‌ଟୋଜିନ୍‌ମୟ ଶବ୍ଦ
ନିଷଟୋଜିନ୍‌ମୟ ନୃତ୍ୟର ମେଖଳା,
ଘଣ୍ଟା ଘଣ୍ଟା ପୂଜା ବଳି

ପ୍ରେମ ଓ ବୈରାଗ; କେବେ
ଯୋଗୀ, କେବେ ଭୋଗୀ
କେବେ ଏକ ସରୀସୃପ ରାତିର ବାହୁନା !
ସ୍ଥିର ଓ ଅସ୍ଥିର ଶ୍ୱାସ
ଗନ୍ଧମୟ, ପ୍ରେମମୟ ଭ୍ରାନ୍ତି
ଏବଂ ଟୁଂ, ଟାଂ ଗୀତ ।
କେବେ ମୁଗ୍‌ଧ, କେବେ କ୍ଷୁବ୍‌ଧ
ନୃତମୁଖୀ ଚେତନାର ଜରା,
ଗହଳ ଚହଳ ଛାତି
ଏକକ ବିନ୍ଦୁରେ ଠିଆ
ପୁଣ୍ୟବତୀ, ରୂପମୟୀ ଜୀର୍ଣ୍ଣ ବସୁନ୍ଧରା !
ଗଜମୂର୍ଖ ! ଆୟୁର ଖାଣ୍ଡବ
ବିବାଦର ରାଜଧାନୀ, ଐଶ୍ୱର୍ଯ୍ୟର
ଜତୁଗୃହ, ଖାଣ୍ଡବ ଓ ଆୟୁ
ମାଳନୀର କିଳିକିଳା ରଡ଼ି,
ବିଭତ୍ସ ଦୃଶ୍ୟର
ବର୍ଚ୍ଚା ! ଏବଂ ତୂରୀ ଏକଭୂତ
କମାରର ଚୁଲି, ଭଣ ଭଣ ମାଛି,
ଏବଂ ଦଶ ଦିଗପାଳ-
କି ସୁନ୍ଦର ଗେହ୍ଲାପଣ,
ଟଗରର ସଫେଦ ଘୋଡ଼ଣୀ
ଫାଶିଦିଆ ମଣିଷର
ରତିକ୍ଳାନ୍ତି ସମୟର ମୁହଁ
କି ପ୍ରେମମୟୀ ମାଟି, ମହୀୟସୀ ବଧୂ
କିବା ଆରତିର ଶେଷପର୍ବ
ଉଚ୍ଚାରିତ ପାଞ୍ଚୋଟି ଆତ୍ମାର !
ତୁତ ଜାଣୁରେ ସାମ୍ରାଜ୍ଞୀ
କୂଳଖିଆ ନଈ ଦୁଃଖ,

ଭଙ୍ଗା ଗଢ଼ା ଇତିବୃତ୍ତି ସୁଖ ଓ ଶୋକର
କା; ପାଇଁ ଉଦ୍ଦିଷ୍ଟ ପଥ- ଜନ୍ମ ଏବଂ ମୃତ୍ୟୁ
ମୃତ୍ୟୁ ଏବଂ ଜନ୍ମ ବା ବିହାର!!

(୪)
ମୃତ୍ୟୁରେ ସମୟ ହଜେ,
ସମୟରେ ମୃତ୍ୟୁ ହୁଏ ଲିନ!
ହଜିବାର ଐକତାନ
ଦ୍ରୁତ କିବା ବିଲମ୍ବିତ
ଆପଣାର ସଂଜ୍ଞା!
ରେ ପ୍ରାଣମିତଣୀ, କହ
ଅନ୍ଧ ଆବେଗର ସ୍ନାନାଗାର
ରକ୍ତମୟ, ଅଶ୍ରୁମୟ, ପ୍ରୀତିମୟ,
ଚିତ୍ରିତ ଓ ବର୍ଣାଢ଼୍ୟ, ଏମନ୍ତ?
ତୁ ତ ଜାଣୁ କେଉଁପରି
ମାଛ ବିନା ନଦୀ, ନଦୀ ବିନା ମାଛ
ଏବଂ କ୍ଲାଶ ବିନା ମୃତ୍ୟୁଇଁ ଜୀବିତ୍।

ମୋ ମୃତ୍ୟୁ ପୂର୍ବରୁ କେତୋଟି ମୁହୂର୍ତ୍ତ

(୧)
ପିଂଗଳ ମାଟିର ଛାତିରେ ଶୋଇଚି ଆକାଶ,
ନୀଳ ନଈର ଢେଉ ପିଟି ହୋଇ
ଆକାଶକୁ ଗେହ୍ଲା କରୁଛି ବାରମ୍ବାର
ନିର୍ଜନତାର ନିଭୃତ ଠଣାରେ ପେଚା କୁହୁଳାଇବାର ଶବ୍ଦ
ଓ ରକ୍ତ ସବୁ ଠୁଳ ହୋଇ ସ୍ୱପ୍ନରେ ବିଭୋର ?
ଡ୍ରମ ବାଜିଲା କେଉଁ ଅପେରା ପାର୍ଟିର
ହୁଇସିଲ୍ ଶବ୍ଦରେ ଲମ୍ବିତ ଚୁମ୍ବକ ପ୍ରସାରିତ ହେଲା।
ଓ ଶହ ଶହ ଦେଖଣାହାରୀଙ୍କ ଗହଣରେ
ନିର୍ବୋଧ ଶିଶୁର କାନ୍ଦ ସୁଖେ ପ୍ରସରିଲା।

ହୈ ଚୈ ଓ ହୋ ହଲ୍ଲା ହଟ ଚମକରେ
ରାମଚଂଦ୍ର ବନବାସ ଗଲେ, ଆଳାପିତ ଗଡ଼ର ବିଲୟ ପୂର୍ବରୁ,
କୈକେୟୀ ଚୁଡ଼ି ଓହ୍ଲାଇଲେ ଏବଂ ନିୟମିତ ଗାଇଲା ଗୀତ
କେତେ ଦିନକୁ ମନ ବାନ୍ଧିଚୁ ଆଣ୍ଠ।
  କି ଘେନି ଯିବୁ ତୋର ଛୁଟିଲେ ଘଟ'
ନିଜକୁ ନିଜେ କେତେ ଖତାଇ ହେଉ,
ନିଜର ହାତ ଖୋଳା ଗାଡ଼ରେ ଶୋଉ।

(୨)
ନାନା ଅସ୍ୱସ୍ତି ଓ ଯାବତୀୟ ଦୁଃଖର ବୋଝ ଭଳି
ଭାରି ହାଲ୍‌କା ଏ ମୃତ୍ୟୁ !
ନାନା ଶୁଣା କଥାର ଅମୃତର ସ୍ୱାଦ ଭଳି ସ୍ୱାଦ !!
ନାନା ଅର୍ଜିତ ଜ୍ଞାନର କୁଣ୍ଡଳୀ ଭଳି
ବେଶ୍ ଏକ ସରଳ ରେଖାର ଘେର।।

ସ୍ମୃତିର ଚନ୍ଦନ କାଠ ସଜଡ଼ା ହେଲାଣି,
ମହକର ଜଉଘର ହୁତୁ ହୁତୁ ଦୁରୁ ଜଳି ଗଲାଣି।
ତେବେ ବିଳମ୍ବର ପ୍ରୟୋଜନ କିଆଁ ?
ତେବେ ପୁଣି ନିଃସଙ୍ଗତା ଆଉଁସାଏ ମୋତେ ବା କାହିଁକି ?
ଓ ଭୀରୁତାର ଘେରାଉରୁ ଲମ୍ଫ ଦେବା ଆବଶ୍ୟକ କିସ ?
ହଠାତ୍ ସୂତାର ପେଣ୍ଡୁ ଗଡ଼ି ଗଡ଼ି ଯାଏ, ଓ
ଯାବତୀୟ ସଂଚିତ ସମ୍ପତ୍ତି ମୋର ଆଗେ ଠିଆ ହୁଏ।।
ଆଉ ପୁଣି କେତେବାଟ ମୋ ମୃତ୍ୟୁରୁ ମାଆର ଗର୍ଭକୁ ?
ଆଉ ପୁଣି କେତେ ଲୁହ ଏ ମାଟିରୁ ଆକାଶ ଛାତିକୁ ?
ଓ କେତେ ବା ରହିଲା ଡେରି ଆଙ୍ଗୁଠିର ରକ୍ତର ମୋର
କାଞ୍ଚନ ଗଛକୁ ? ?

(୩)
ବର୍ତ୍ତମାନ ରାତିର ମଧ୍ୟ, ସାଇକେଲ ଟିଂ ଟିଂ ହୁଏ।
କଦବା ଟାକ୍‌ସିର ହର୍ଣ୍ଣ ନିଦ ଭାଙ୍ଗିଦିଏ।
ଓ ନାରୀର ଉଲଂଗ ସ୍ତନ ମୋ ଛାତିରେ ମିଛ ଲଦି ହୁଏ।।
ପୁରୁଷତ୍ୱ ହାରିବାର ମୁହୂର୍ତ୍ତେ ପୂର୍ବରୁ
ଉଠି ବସି ତକତିରେ କାହାକୁ ବା ପ୍ରାର୍ଥନା ମୁଁ କରେ,
କିବା କା'ର ମର୍ମରିତ ଗୁଂଜନରେ
ନିଜେ କିଆଁ ଗୁଂଜନରିତ ହୁଏ,
ଅକସ୍ମାତ୍ ମୁଁ ଯାଉଚି ପାତାଳ ପୁରକୁ
ହାତରେ ଆଡ଼େଇ ଢେଉ, ସମୁଦ୍ରର ଲୁଣି ପାଣି ପିଇ,
ମୁଁ ପୁଣି ଉଠୁଚି ଶୂନ୍ୟେ ଶୂନ୍ୟର ବେଲୁନ୍ ପରି
ଏ ପିଙ୍ଗଳ ମାଟି ଫାଟି ଦୁଇଫାଳ ହେଇଚି ଆଗରୁ
ମୋତେ ତେବେ ବାଟ ଛାଡ଼ ମମତାର ଛାଇ
ମୋତେ ତେବେ କୋଠରୀରୁ, ମୁକ୍ତ କର ବଗିଚାର ଫୁଲ !
ମୋତେ ତେବେ କ୍ଷମା କର, ଓ
ଅନ୍ତ ବୁଜୁଳାରୁ ରକ୍ତ ସବୁ ଶୋଷି ନିଅ।।
ମୁଁ ଉଡ଼େ ମନଇଚ୍ଛା ସ୍ୱର୍ଗ, ନର୍କ, ଗ୍ରାମ, ନଗ୍ର, ଗ୍ରାମାନ୍ତର ଘର,

ଘରରୁ ଘରଣୀ ଓ ଘରଣୀର ବନ, ବିଲ, ମରୁ କାନ୍ତାର,
ସେଠୁ ଏକ ମହଜୁଦ୍ ଶସ୍ୟର ଭଣ୍ଡାର,
ବର୍ତ୍ତମାନ ରାତିର ମଧ୍ୟ, ନିଃସଙ୍ଗତା ଡେଣା ଝାଡ଼ିଯାଏ,
ଓ ଏକ ଧୂସର ମେଘ ମୋ ଆଖିରେ ଆଖି ତା ମିଳାଏ।

(୪)
ହେ ମୋର ଦୁଃଖର ଭାଗିନୀ! ତୁମ ପାଇଁ ରଖିଗଲି କିସ?
ମୋ ସୃଷ୍ଟି ଛଡ଼ା ଜୀବନର ବିଦୀର୍ଣ୍ଣ ପୃଷ୍ଠା ଓ
ଅନ୍ଧାରିଆ ଭ୍ରାନ୍ତିର ଅଶ୍ରୁସବୁ ଛାଡ଼ି ଗଲି,
ମୋ ସ୍ନାୟୁ ଓ ଅମରା ବତୀର ନୀଳ ଆଲୁଅକୁ
ତୁମରି କାନ୍ଦଣା ସୁରେ ଯତନେ ଆଉଟିଲି
ଏବଂ ତୁମ ଚଉପାଶେ କେତୋଟି କଣ୍ଢେଇ ନୃତ୍ୟେ
ନିଜେ ନିମଜ୍ଜିଲି। ଆଗେ ପାଂଶୁଳ ସ୍ମୃତିର ନିଃଶ୍ୱାସ!
ବର୍ତ୍ତମାନ ବାପ, ମା, ମୋ ସାତ ପୁରୁଷର ଡାକରାରେ
ପୁଷ୍ପିତ ଉଦ୍ୟାନେ ଥରୁଚି ଓ ମୋର ସକଳ ନିର୍ଯାତନାର ଫାଶରୁ
ଧୀରେ ଧୀରେ ମୁକ୍ତ ହେଉଚି ଘୁମୁରା ପକ୍ଷୀର ନିଃଶ୍ୱାସ।
ହେ ମୋର ସ୍ନେହବଳ ପୁତ୍ରକନ୍ୟା ଗଣ!
ମୁଁ ଚାଲିଲି ମୋ ଡେଣାରେ ବହି ତୁମ ପ୍ରାଣର ଉଦ୍ୟତ ଲୁହ,
ବର୍ତ୍ତମାନ ମୁଁ ଚାଲିଲି ମୋ ମାଂସ, ହାଡ଼ ଓ ରକ୍ତର
ପୋଷାକ ଓହ୍ଲାଇ, ତୁମ ପାଇଁ ଛାଡ଼ିଗଲି
ଏ ପିଙ୍ଗଳ ଓ ମାଟି ଆଉ ଅଗ୍ନାଅଗ୍ନି ଓ ବନସ୍ତ ଓ
"ରାମ ନାମ ସତ୍ୟ"ର ସ୍ୱୀକୃତି,
ଛାଡ଼ିଗଲି ମୋ ରକ୍ତର ଝଙ୍କାର ଓ
ସଂଘର୍ଷର କ୍ଷୟକ୍ଷତି, ପୁଷ୍ପହାର, ତର୍କ ମହା ସଭା,
ଯାହାର ପୁନାଦି ତୁମେ ଉଦ୍‌ଘାଟନ କରିବ ନିଶ୍ଚୟ,
ଆଉ ବି ଛାଡ଼ିଲି ଏକ ଦୀପ୍ତିମାନ ସୂର୍ଯ୍ୟର ପ୍ରଶସ୍ତି,
ଛାଡ଼ିଗଲି ଏକ ଶୀତ ମଧ୍ୟାହ୍ନର କରୁଣ ବିଂଚପତ୍ତି,
ହେ ମୋର ପ୍ରାଣାଂତକ ମୂର୍ଚ୍ଛାର ନିକ୍ୱଣ।
ବର୍ତ୍ତମାନ ଗୀତ ଗାଏ ଶାଳଗଜା, ସମୁଦ୍ର ରକ୍ତର।

ଗୀତ ଗାଏ ପାଚିଲା କ୍ଷେତର ଧାନ, ଅରଣ୍ୟ ବାଘ।
ମୋତେ ତୁମେ କ୍ଷମା ଦିଅ, ଅପରାଧ ମାର୍ଜିତ ବା
ସଂଶୋଧିତ ହେଉ, କିମ୍ବା ବୁଢ଼ିଆଣୀ ପ୍ରୀତି ପରି
ନିଜଇ ଗର୍ଭରେ ନିଜେ ଖେଳିବାର ସ୍ୱପ୍ନ ଦେଖୁଥାଉ!!

ବର୍ତ୍ତମାନ ମୁଁ ଚାଲିଲି ଉଝାଇ ମୋ ହସର ହଂସକୁ
ତୁମରି ରକ୍ତରେ, ଚାଲିଲି ମୁଁ ମୋ ସତର୍କ ଫୁଲକୁ ଛିଣ୍ଡାଇ
ତୁମେ କାନ୍ଦ ନାଇଁ, ତୁମେ କାନ୍ଦ ନାଇଁ,
ବର୍ତ୍ତମାନ କେତେ ବାଟ ମାଆର ଗର୍ଭରୁ ମୋ ମୃତ୍ୟୁର ହାତକୁ?
ବର୍ତ୍ତମାନ କେତେଦୂର ସ୍ନେହର ନଈରୁ ମୋ ନୀଳ ସମୁଦ୍ରକୁ?
ଡ୍ରମ ବାଜିଲା କେଉଁ ଅପେରା ପାଟିର ଓ
ମୁଁ ବୁଝିଲି ଉଡୁଚି ମୁଁ ନୀଳ ଚକ୍ରେ ନାଲି ନେତ ହେଇ!
ବୁଡୁଚି ମୁଁ ଅଥଳ ହ୍ରଦର କୂଳେ ଧକ୍କା ଖାଇ ଖାଇ।
ହଠାତ୍ ଡେଙ୍ଗୁରା ଶବ୍ଦେ ଚେତା ହେଲା, ଶୋକ ସଭା

ଆୟୋଜିତ ହେଉ! 'ଆହା ଆହା ଧ୍ୱନିର ନିଦରେ
ବୈକୁଣ୍ଠର ସ୍ତୁତି ହେଲା ଶେଷ, ଓ ମୋର ସାଧନାର ଜୀବନ୍ତ ଭଗାଂଶ
ଫୁଲ ହେଇ ଲୋଟିଗଲେ ହେ ମୋର ଚିତା ବାଘ, ପୁଷିଛୁଆ,
ଛ' ଇଞ୍ଚ ଲମ୍ବର ଆତ୍ମୀୟ କଲମ, ବର୍ତ୍ତମାନ ଅନ୍ଧାରର ମନ୍ଦିରରେ
ଘଣ୍ଟା ବାଜେ, ଧୂପ, ଦୀପ, ଚନ୍ଦନର ଗନ୍ଧ ଭାସେ ବର୍ଷାର ସୁଅରେ
ବର୍ତ୍ତମାନ ଭୂତ ହେଇ ପଶିଗଲି କାହାର ଆତ୍ମାରେ?

ହେ ମୋର କରୁଣାର ଶୋଭା ଯାତ୍ରା, ମିଥ୍ୟାର କରତ!
ହେ ମୋର ଯାଉଁଳି ବେତର ନାଚ ଛନ୍ଦ ବେଶୀ ବିଶ୍ୱାସ।
ଏ ବିଦାୟ ମୁହୂର୍ତ୍ତରେ ଇନ୍ଦ୍ରଧନୁ ଉଭାହୁଏ ଓ
(ତୁମ ପାଇଁ) ଭାସୁଥିବା ନିଛାଟିଆ ଡଙ୍ଗାପରେ ନୃତ୍ୟ କରେ
ନର ହତ୍ୟା କରିବା ଉତ୍ତାରେ!!

ହେ ମୋର ଆତ୍ମୀୟ, ପଡ଼ୋଶୀ ଓ ଅନାତ୍ମୀୟମାନେ !
ବର୍ତ୍ତମାନ ମୁଁ ଭିଡୁଚି ମୋ କର୍ମର କାତ ଏହି ଲୁହର ସମୁଦ୍ରେ
ଭାଙ୍ଗିରୁଜି ବିପରୀତ ହାଓ୍ୱାର ପ୍ରଚେଷ୍ଟା ଓ
ମୁଁ ନିଜେ ନିୟତି ହେଇ ଗୀତ ଗାଏ ଅନ୍ଧ ପିଲାପରି
ଆପଣାକୁ ସନ୍ତୁଳି ମୁଁ ଆଷାଢ଼ର ପ୍ରୀତିର ଗର୍ବରେ,
ନମସ୍କାର, ମୁଁ ଚାଲିଲି ଲକ୍ଷ ଢେଉ ସମୁଦ୍ର ଗଣି,
ନୀରବତା ଭଙ୍ଗ ହେଉ ! ଲୁହ ଫୁଟୁ ଫୁଲର ରୋଷଣୀ।

■

ନିଜସ୍ୱ-ପ୍ରାର୍ଥନା

ବର୍ତ୍ତମାନ ରାତ୍ରି ନିଶ୍ଚଳ ଓ
ମୋ ଭିତରେ ଅନେକ ଆଖିର ଜ୍ୟୋତି !
ଆନଗ୍ନ ରାତ୍ରିର କରୁଣତାକୁ ପିଇ
ମୋର ସମସ୍ତ ସ୍ନିଗ୍ଧତା ଫୁଲୁଚି
ଏକ ଅଜଗର ସାପର ଛଳନାରେ !

ବର୍ତ୍ତମାନ ନିର୍ଜନ ରହସ୍ୟାବୃତ ରାତ୍ରିକୁ ବେଢ଼ି
ଅନ୍ଧାର ମାନଙ୍କର ଅସ୍ପଷ୍ଟ ସଂଳାପ ଶୁଭୁଚି-
ଓ ମୋର ସମସ୍ତ ଆନାମ୍ନାୟ ଚିନ୍ତାରେ
ସେମାନଙ୍କ ଆକସ୍ମିକ ଅନୁ ପ୍ରବେଶ !

ହୁଏତ ଅନେକ ସମୟ ବୁଡ଼ିଯିବି
        ଏମାନଙ୍କ ଅନୁରକ୍ତିରେ,
ହୁଏତ ଅନେକ ସମୟ ହଜିଯିବି
        ଏମାନଙ୍କ ଉଦ୍‌ଭ୍ରାନ୍ତିରେ
ଏଇ ଅକ୍ଳାନ୍ତ ତନ୍ଦ୍ରାର ଢେଉରେ
ଅବଲୁପ୍ତ ହେବ ମୋ ବିଚୂର୍ଣ୍ଣ ଶବ୍ଦର ମହିମା ।
ଏଇ ସ୍ୱେଚ୍ଛାଚାରୀ ଇଚ୍ଛାର ଯୌବନରେ
        ମିଶିଯିବି ମୋର ସକଳ
        ସଂଧ୍ୟାର ତର୍ପଣ !
ହୁଏତ ଏମାନଙ୍କ ଦାମ୍ଭିକ ଅରଣ୍ୟର ଫୁଲର ଭାରରେ
        ହୋଇଯିବ ଏକ ଆଦିମ
        ସତ୍ୟର ସବାର !
ବର୍ତ୍ତମାନ ରାତ୍ରି ନିଶ୍ଚଳ ଓ

ପୁନର୍ଜୀବିତ ମୋର ସ୍ୱପ୍ନର କୁମ୍ଭୀରମାନେ।
ଆକାଶରେ ତାରାର ସଂଳାପ,
ଓ ବର୍ତ୍ତମାନ ଅସ୍ତର ଜହ୍ନର କାନ୍ଦଣା,
ବର୍ତ୍ତମାନ ନିଦ୍ରାହୀନ ରାତ୍ରି ଓ
ଅଗଣିତ ସୂର୍ଯ୍ୟର ନିଦ୍ରାଭଂଗ!!

ମୋତେ ମନ୍ଥର ରାତ୍ରିର ବିହ୍ୱଳତାରୁ ମୁକ୍ତି ଦିଅ।
ମୋତେ ସହସ୍ର ଯୁଗର ଫାଲଗୁନରୁ ରକ୍ତ ଦିଅ।
ମୋତେ ଯୁଗାନ୍ତରର କରୁଣାରୁ
ଅନିର୍ବାଣ ଶିଖାର ଜ୍ୱାଳା ଦିଅ!

ହେ ମୋର ଅନ୍ଧାରର ଅସ୍ପଷ୍ଟ ସଂଳାପ,
ହେ ମୋର ବିକ୍ଷୁବ୍ଧ ଆଗ୍ନେୟ ଗିରିର ଉତ୍ତରଳ ଲାଭା!
ହେ ମୋର ରାଶି ରାଶି ପ୍ରାଚୀନ ସଂଧ୍ୟାର ନିଷ୍କପଟ ଉତ୍ତରଣ!
ବର୍ତ୍ତମାନ ତୁମ ମାନଙ୍କ ସ୍ଥିତିରେ
ମୁଁ ଏକ ଦ୍ରବୀଭୂତ ମହମର ଜ୍ୱଳନ୍ତ ଶିଖା ଖଣ୍ଡ!
ବର୍ତ୍ତମାନ ତୁମ ମାନଙ୍କର ନିବିଡ଼ ଚୁମ୍ବନରେ
ମୁଁ ଏକ ନିଭୃତ ବ୍ୟଥାର ସମର୍ପିତ ଅକୁଣ୍ଠ ଇଚ୍ଛା।।

ବର୍ତ୍ତମାନ ପେଚା ଓ ଶୃଗାଳ ମାନଙ୍କର କଣ୍ଠସ୍ୱର;
ଓ ଘାସର ଆର୍ଦ୍ରତା ବେଶ ଅନୁଭୂତ,
ବର୍ତ୍ତମାନ ରାତ୍ରିର ନିର୍ଜନତା ଓ ଅନ୍ଧାର ମାନଙ୍କର
ମିଳିତ ଆକ୍ରମଣ ଏବଂ ମୁଁ ଏକ
ନିର୍ଭୀକ ଯୋଦ୍ଧାର ବେଶରେ

ବର୍ତ୍ତମାନ ଅନାଗତ ଭୟ ଓ
ଅନୁଚ୍ଚାରିତ ଅନେକ ବେଦନାର ଆଲିଙ୍ଗନ

ବର୍ତ୍ତମାନ ଉଦ୍ୟତ ଆତଙ୍କର ଶିହରଣ ଓ
        ଅନେକ ଅରଣ୍ୟର ସମ୍ମିଳିତ ଡାକ,
ମୋତେ ମୁକ୍ତି ଦିଅ
        ତୃଷାର ଅନ୍ଧାରୁ।
ମୋତେ ପ୍ରୀତି ଦିଅ
        ଭୀତିର ନିର୍ମତାରୁ!!
ମୋତେ ଶାନ୍ତି ଦିଅ
        ନିଜସ୍ୱ- ପ୍ରାର୍ଥନାରୁ-

■

ଏଥାନ ନିଲଠା ସହି

ଏଥାନ ନିଲଠା ସହି।
ଜାଇ ଯୁଇ ଟଗରର ପ୍ରୀତି
ସଂଜ ଦୀପ ପରି ଜଳେ
ମଉନରେ, ଚାରିଆଡ଼େ ଫିକା ଫିକା ଆଖି
ରଢ଼ ନିଆଁ ପରି ଜଳେ, ବଣବୁଦା
ପେଟ ଜଳେ କଇଁଚ ପଡ଼ଇ ଶୋଇ,

ଘାସ ଲଟା ଜଳିଯାଏ,
ଆପଣାର ଖର ନିଶ୍ୱାସରେ,
ମେଘ ଆସି କୁଢ଼ କୁଢ଼
ଜମା ହେଇ ଏ ଗାଁର ମଥାନ ଉପରେ
ପୁଣି ଉଭେଇ ଯାଏ
କେଉଁଆଡ଼େ ଡରକୁଳା ଚଢ଼େଇଟି ପରି।

ଏଥାନ ନିଲଠା ସହି।
ସବୁରି ମୁହଁରେ ନାଚେ
ଉଦାସିଆ ପାଗର ଉଷୁମ ଛବି
ଧୂଳି ସଡ଼କେ ଡିଏଁ
ମେଲେରିଆ ରୋଗୀର ଚେହେରା
ଓ କୋଚ ମଇଳା ପିନ୍ଧା
ଗଂଧ ତ ଉଡୁଚି ଏଠି
ପଞ୍ଚାନନ ମେଳାର ଆସରେ
ଏପରି କି ଦୁଃଖର ଖୁଚୁରା ଗଣି
ଦିନଯାଏ ପାଣିପରି,
ହିଡ଼େ ହିଡ଼େ ଗଜୁରଇ ଘାସ,
ହଜାରେ ସପନ ଚାଟି,

ଲହକା ଜିଭରେ ତା'ର
ଅଚାନକ ପ୍ରବେଶଇ ମଉନ ତରାସ,
ଥିରି ଥିରି ଲାଙ୍ଗୁରା ଚାହାଣି ଢାଳି

ଏଇବାଟେ ନଈ ତୁଠେ
କିଏ ଗଲା ? କାହା ବୋହୂ ? ସ୍ନାନ ବଢ଼ାଇ,
କାହାକୁ ଅଧୀର କଲା ?
ସମାଜର ଏତେ ବାଧା ବନ୍ଧନ ଏଡ଼ାଇ ?

ଫୁଲରୁ ଶୋଷିବା ମହୁ
ଫାଶୀ ଆସାମୀର କାମ, ପ୍ରଜାପତି ହେଇ
ଫୁଲୁ ଫୁଲୁ ଉଡ଼ିବା ନିଷେଧ ଏଠି
ମରଣର କୋଲପ ଫିଟାଇ,

ରୁଣୁ ଝୁଣୁ ଶବଦରେ
କାନ୍ଥ ବାଡ଼ କାନ ଡେରେ,
ପଲ ପଲ ଶାଗୁଣାର
ଡେରା ପଡ଼େ, ମଶାଣି ଓ ଗାଁ ଜାଗୁଲାଇ

ଫୁସ୍ ଫାସ୍ ହେଲାପରେ
ନୀରବରେ ବାଟ ଭାଙ୍ଗି
ଯାଆନ୍ତି କି ଆପଣା ରାସ୍ତାରେ
କୁଆ ଉଡ଼େ, ତାଳ ପଡ଼େ ।
ସାପ ହୁଏ କୁଅର ଦଉଡ଼ି,
ସେନେହ ହୁଅଇ ରଣୀ
ଦରିଆର ଡବ ଡବ ଆଖି,
ଚଢ଼େଇକୁ ଫରିଆଦ
ତା' ବସାରେ ତୁନତାନି
ବସୁ ଜାକି ଜୁକି,

ଏଥାନ ନିଲଠା ସହି।
ହାତେ ମାପି ଚାଖଣ୍ଡେ ଚାଲିବା କଳା
ଜଣାଥିଲେ ଭଲ କଥା ? ନଚେତ୍ କତୁରୀ
ବା କ୍ଷୁର ଦାଢ଼େ ଚାଲିବା ଉଚିତ୍।
ଆଉରି ସବୁଠୁ ଭଲ
ଆପଣା ଦୁଃଖରେ ଆପେ
ମରିଯିବା ମରମେ ଆଉଟି।
ମୁହଁ ପୋତା କାଣ୍ଠି ବଗ
ପୋଖରୀ ଅତଡ଼ାରେ
କଣିଆଇ ଟେକୁଅଛି ବେକ,
ଶୁଖିଲା ପତର ହସେ
ବରଷାର ମହୁ ପିଏ
ପ୍ରୀତିର ଚାତକ

ଅଳସୀ ସପନ ଆସେ
ଥିରି ଥିରି ନଇଁ ନଇଁ
ନିଦାରୁଣ ମନଖୋଜେ
ବଇଶାଖୀ ଝାଞ୍ଜିର ଚେହେରା,
କୋଇଲିର ଗୀତ ହୁଏ
ଦୂରୁ ଦୂରୁ ଯନ୍ତ୍ରଣାର,
ନିଛାଟିଆ ତାରା,
ମୂଷା ମାଟି ଭଣ ଭଣ
ବିଲେଇର ଗୁହ, ମହକେ ମନଟା ସାରା
ଖଜୁରୀର କଣ୍ଟକିତ ଛାଇ
ଆଲୁଅରେ ଦେହ ସେକେ
ଭୁରି ଭୁରି ସ୍ମୃତିର ହାତରେ
କଦବା କେମିତି ଆସି
ଧରାଦିଏ ଜହ୍ନି ଫୁଲ ?
ପଦୁଅଁର ଜିଲା !

ଓଦା ଓଦା ଚାହାଣିରେ
ପାଲଟଇ ପାନ ପିକ ରଙ୍ଗର ଚେହେରା
ନାଗ ଫେଣୀ, ଖଂଜଣି ଓ
ଓଢ଼ଣୀର ଛାତିଫଟା ଗୀତ,
ଆସ୍ତେ ଆସ୍ତେ ଯଉବନ
ପଖାଳଇ ଦେହ ତା'ର,
ନିର୍ଜନ ବଂସତ।

ଶେତା ଶେତା ହସ ମୁହଁ
ଗଛ ବୃଛ, ପାହାଡ଼ ଓ ନଈ
ସାମନାରେ ତୋଳିଧରେ
ନେଳୀ ନେଳୀ ଆକାଶର
ଲୋଚା କୋଚା ଚିଠିର ଅବୁଝା ଭାଷା
ଦରଦର ବିକଶିତ କଇଁ!

ଯେତେ ସବୁ ଭଲ ମନ୍ଦ
ଦିଆ ନିଆ ରାଗ ଅଭିମାନ
ନିମିଷକେ ସୁରଧରେ
ଛଡ଼ାଫୁଲ ପାଖୁଡ଼ାର ଦେହେ,
କାନ୍ଦ କାନ୍ଦ ମୁହେଁ ଝୁଲେ
ଶରତର ଋତୁର ଛବି
ପୋକଖିଆ ମୁହୂର୍ତ୍ତ ଓ
ଶାଳପତ୍ର – ପିକା ଧୂଆଁ!
ଗହଳ ଚହଳ।

■

BLACK EAGLE BOOKS

www.blackeaglebooks.org
info@blackeaglebooks.org

Black Eagle Books, an independent publisher, was founded as a nonprofit organization in April, 2019. It is our mission to connect and engage the Indian diaspora and the world at large with the best of works of world literature published on a collaborative platform, with special emphasis on foregrounding Contemporary Classics and New Writing.

www.ingramcontent.com/pod-product-compliance
Lightning Source LLC
Chambersburg PA
CBHW021128080526
44587CB00012B/1175
* 9 7 8 1 6 4 5 6 0 1 4 1 8 *